Voyages Dans L'intérieur De La Louisiane: De La Floride Occidentale, Et Dans Les Isles De La Martinique Et De Saint-Domingue, Pendant Les Années 1802, 1803, 1804, 1805 Et 1806 ; Contenant De Nouvelles Observations Sur L'histoire Naturelle, La Géogra... - Primary Source Edition

Robin

Nabu Public Domain Reprints:

You are holding a reproduction of an original work published before 1923 that is in the public domain in the United States of America, and possibly other countries. You may freely copy and distribute this work as no entity (individual or corporate) has a copyright on the body of the work. This book may contain prior copyright references, and library stamps (as most of these works were scanned from library copies). These have been scanned and retained as part of the historical artifact.

This book may have occasional imperfections such as missing or blurred pages, poor pictures, errant marks, etc. that were either part of the original artifact, or were introduced by the scanning process. We believe this work is culturally important, and despite the imperfections, have elected to bring it back into print as part of our continuing commitment to the preservation of printed works worldwide. We appreciate your understanding of the imperfections in the preservation process, and hope you enjoy this valuable book.

VOYAGES
DANS L'INTÉRIEUR
DE LA LOUISIANE,
DE LA FLORIDE OCCIDENTALE,
ET DANS LES ISLES
DE LA MARTINIQUE
ET DE SAINT-DOMINGUE.

TOME I.

Ouvrages qui se trouvent chez le même Libraire.

ANNALES DES VOYAGES, DE LA GÉOGRAPHIE ET DE L'HISTOIRE; *ou* Collection des Voyages nouveaux les plus estimés, traduits de toutes les Langues Européennes; des Relations Originales, inédites, communiquées par des Voyageurs Français et Étrangers; et des Mémoires Historiques sur l'Origine, la Langue, les Mœurs et les Arts des Peuples, ainsi que sur le Climat, les Productions et le Commerce des Pays jusqu'ici peu ou mal connus;

Accompagnées d'un *Bulletin* où l'on annonce toutes les Découvertes, Recherches et Entreprises qui tendent à accélérer les Progrès des Sciences Historiques, spécialement de la Géographie, et où l'on donne des Nouvelles des Voyageurs et des extraits de leur Correspondance. Publiées par M. MALTE-BRUN.

Chaque mois, depuis le 1er septembre, il paroît au moins un Cahier de cet Ouvrage. Il est composé de 8 à 9 feuilles *in-8°*, ou 128 à 144 pages, imprimées sur beau carré fin d'Auvergne, et sur caractères de Cicéro interligné, grande justification. Chaque Cahier est, en outre, accompagné d'une Estampe, ou d'une Carte Géographique, coloriée. Ces Planches et Cartes sont gravées, avec soin, par MM. *Tardieu* l'aîné, *Blondeau* etc.

Le prix de la Souscription est de 24 fr. pour Paris, pour 12 Cahiers, que l'on recevra *francs de port*; et de 14 fr. pour 6 Cahiers. On ne peut souscrire pour moins de 6.

Le prix de la Souscription, pour les Départemens, est de 30 fr. pour 12 Cahiers, rendus *francs de port* par la Poste, et de 17 fr. pour 6 Cahiers.

C'est aussi à M. Buisson qu'on doit envoyer, *francs de port*, tous Mémoires, Traduction de Voyages, Notes, Lettres, et autres Matériaux qu'on désirera faire imprimer dans ces Annales.

VOYAGE A LA COCHINCHINE, par les Îles de Madère, de Ténériffe et du Cap Vert, le Brésil et l'Île de Java; contenant des Renseignemens nouveaux et authentiques sur l'état naturel et civil de ces divers Pays; accompagné de la *Relation officielle d'un Voyage au Pays des Boushouanas*, dans l'intérieur de l'Afrique Australe; par JOHN BARROW, Membre de la Société royale de Londres; traduit de l'Anglais, avec des Notes et Additions, par MALTE-BRUN. 2 vol. *in-8°* de près de 800 pages, avec un Atlas *in-4°* de 18 Planch., grav. en taille-douce par TARDIEU l'aîné. Prix: 18 fr. brochés, et 21 fr. 50 cent. francs de port par la Poste; en papier vélin, 36 fr. sans le port.

Les Contrefacteurs et Débitans de Contrefaçons seront poursuivis. En conséquence, deux Exemplaires de cet Ouvrage ont été déposés, en vertu de la Loi, à la Bibliothèque Impériale.

Paris, ce 20 Novembre 1807.

Buisson

DE L'IMPRIMERIE DE Mme Ve JEUNEHOMME,
RUE DE SORBONNE, N° 4.

C. C. ROBIN.

VOYAGES
DANS L'INTÉRIEUR
DE LA LOUISIANE,
DE LA FLORIDE OCCIDENTALE,
ET DANS LES ISLES
DE LA MARTINIQUE
ET DE SAINT-DOMINGUE,

PENDANT LES ANNÉES 1802, 1803, 1804, 1805 et 1806.

CONTENANT de Nouvelles Observations sur l'Histoire Naturelle, la Géographie, les Mœurs, l'Agriculture, le Commerce, l'Industrie et les Maladies de ces Contrées, particulièrement sur la Fièvre Jaune, et les Moyens de les prévenir.

En outre, contenant ce qui s'est passé de plus intéressant, relativement à l'Établissement des Anglo-Américains à la Louisiane.

SUIVIS

DE LA FLORE LOUISIANAISE.

Avec une Carte nouvelle, gravée en taille-douce.

PAR C. C. ROBIN,

Auteur de plusieurs Ouvrages sur la Littérature et les Sciences.

TOME I.

A PARIS,

Chez F. BUISSON, Libraire, rue Gît-le-Cœur, n.º 10.

1807.

12347-15
US 22098.07

INTRODUCTION.

Pendant les orages de la Révolution, je m'étais livré à des études sur l'Histoire Naturelle. J'avais surtout remarqué que les Êtres, considérés isolément, ne présentaient que des connaissances imparfaites et fautives; qu'en les considérant dans les rapports qu'ils ont entre eux, dans les moyens par lesquels ils s'entr'aident et concourent à l'ordre général, ils offrent des connaissances plus complètes, plus liées, plus méthodiques, et par conséquent plus susceptibles de s'étendre. Je crus, en multipliant ainsi mes observations, entrevoir de nouvelles vérités, et acquérir de nouveaux moyens d'en découvrir successivement de plus importantes : je conçus que, puisque tout est lié dans la Nature, on pourrait, en procédant du plus simple au plus composé, arriver de la matière brute jusqu'à l'Homme ; qu'en saisissant dans cette marche par quelles espèces de liens chaque ordre d'être se lie aux autres ordres, on pourrait deviner, découvrir par quelles espèces de liens l'Homme tient lui-même à la Nature ; que de la découverte de ces rapports de l'Homme avec la Nature, on arriverait à la découverte de ses divers rapports de sociabilité, qui ne peuvent être bons qu'autant qu'ils concourent à ces vues de la Nature, et qui deviennent mauvais à mesure qu'il s'en éloigne. Alors de l'Histoire Naturelle devait sortir la morale de l'Homme considéré isolément, la morale de l'Homme considéré en Famille privée, la morale de l'Homme considéré en Famille publique, ou en Gouvernement ; enfin la morale de l'Homme considéré de Nation à Nation. Mais dans quelle carrière osais-je tenter d'entrer ? Les Philosophes de tous les Siècles, et de tous les Peuples connus, n'ont-ils pas universellement eu des sentimens défavorables contre ce principe, que *tout est lié dans la Nature, qu'il n'existe rien qui n'ait une fin ?* De nos jours surtout, les plus grands Naturalistes n'ont-ils pas comme anathématisé la science des *Causes finales ?* A leur exemple aussi, la tourbe des obscurs Écrivains ne verse-t-elle pas à l'envi sur cette science le mépris et l'ironie ? Eh ! que serait le témoignage de toute la terre contre la vérité ! Que seraient les

autorités de tous les sages, contre l'expérience, contre des succès répétés ; et enfin contre l'intime conviction de la conscience ! Mais qu'ont-ils dit les Philosophes contre cette Science des *Causes finales?* J'interroge leurs Écrits, et les principes de la Science la plus vaste de toutes, la plus importante de toutes, qui prête des secours à toutes les connaissances humaines, qui seule peut les rendre complètes, n'y sont ni examinés, ni analysés, ni discutés, je dirais même qu'ils sont inconnus à leurs Auteurs. Des opinions isolées, des assertions vagues, des phrases tranchantes sont tout ce qu'on trouve à ce sujet dans leurs Écrits. Je choisis parmi eux un des plus modernes, un de ceux dont les longs travaux et le génie élevé ont assuré une gloire immortelle. C'est Buffon, dans l'histoire du cochon, où il se déclare plus particulièrement l'adversaire des *Causes finales*. On va juger sur quelles bases ce grand Naturaliste s'appuie. « *Il a*, dit-il, *évidemment* (le
» cochon) *des parties inutiles ou plutôt des*
» *parties dont il ne peut faire usage ; des*
» *doigts dont tous les os sont parfaitement*
» *formés, et qui cependant ne lui servent*
» *à rien.* La Nature est donc bien éloignée

a ij

INTRODUCTION.

» de s'assujettir à des Causes finales dans la
» composition des Êtres....... »

Si Buffon avait eu seulement, non loin de sa basse-cour, abaissé ses regards sur les traces du cochon, dans les lieux inclinés et glissans, il aurait vu alors, par l'empreinte de ces doigts de derrière, en appendice, comment ces doigts servent à le retenir en descendant ces coteaux inclinés, comment surtout la truie pleine, fléchissant sous le poids de son ventre traînant, fléchit aussi davantage les articulations de ses doigts, se sert ainsi davantage de ses appendices pour se cramponner dans les descentes, et ferait sans eux des écarts, roulerait, se meurtrirait, s'avorterait, et en même temps deviendrait plus facilement la proie des animaux carnassiers qui la poursuivent. Cette erreur que l'Homme le moins instruit peut partout vérifier, est cependant la base sur laquelle Buffon s'appuie pour combattre la vérité des Causes finales; mais pour combattre encore Buffon lui-même, je n'ai besoin que de ses Écrits.

Partout où le génie de ce grand homme franchit dans ses hautes conceptions les siècles et les temps pour embrasser la nature; partout où il la devine, c'est à l'aide des causes finales. Sa théorie de la terre, ses époques de la nature, ses divers discours, si profonds et si éloquens, doivent tout aux causes finales ; à elles seules il doit toute sa gloire : et si Buffon cesse d'être grand, devient sec, aride, insignifiant, c'est qu'il n'a plus, pour prendre son essor, les *Causes finales*. J'en dirai autant de Réaumur. Est-ce donc à l'homme à nier *que rien n'est inutile dans l'ensemble de l'Univers, qu'il fait un tout parfait?* Tous nos arts, qui ne sont que des imitations de la nature, n'approchent-ils pas de la perfection à mesure que les inutilités en sont retranchées? Le grand Poète, comme le grand Orateur, élaguent avec soin tout ce qui est inutile ; le Peintre, le Sculpteur, l'Architecte en font autant : un seul Personnage inutile à l'action que représente un tableau, nuit à son harmonie, comme nuit à l'intérêt d'une pièce dramatique l'incident qui lui est étranger ; et tandis que, dans les choses les plus ordinaires, l'homme raisonnable éloigne de lui les inutilités, nous pourrions supposer que la nature, si admirable en tout, fut remplie d'inutilités.

L'idée que quelque chose puisse être isolé dans la nature est, je ne crains pas de le dire, une absurdité. Reployons-nous sur nous-mêmes : rien n'y est isolé, rien même ne peut y être isolé ; tout en nous est nécessairement en relation avec d'autres objets, les formes aussi bien que les substances. Toutes nos sensations ne peuvent exister que par des relations d'objets autres que nous. Nos idées, qui ne sont que des représentations, ne viennent également que de nos relations avec d'autres objets. Qu'est-ce que nos jugemens ? Des rapports encore que nous découvrons entre les choses. Qu'est-ce que la Musique ? Les rapports que les sons ont d'abord entre eux, puis avec nos organes : les couleurs de même ne sont pas autre chose. Qu'est-ce que la Géométrie ? Ce sont les rapports que les lignes, les surfaces, les masses ont entre elles : toutes les sciences ne sont également que des connaissances de rapports qu'ont les objets entre eux, et puis avec nous. Si un seul objet était isolé dans la nature, il n'aurait par conséquent plus de rapports avec nous, il nous serait invinciblement inconnu ; et Dieu même ne pourrait nous le faire connaître qu'en cessant son isolement. Mais il n'est pas un seul objet qui n'ait des rapports avec la cause première, qui est Dieu, qui ne soit entouré, pénétré de la Divinité : il ne peut donc pas exister d'objet qui soit isolé, puisque Dieu embrasse tout, pénètre tout? Dieu est donc dans la nature l'agent communicatif de tout; et puisque Dieu est toute sagesse, tout ordre, il établit donc nécessairement entre tous les êtres des relations d'ordre et d'harmonie. Un seul être isolé dans la nature prouverait que Dieu n'est pas infini, n'est pas sage, qu'il n'est pas Dieu. Aussi la nature s'épuise à nous prouver la plus grande de toutes les vérités, le premier anneau de toutes; elle la grave au fond de nos cœurs; elle l'écrit dans nos mémoires, elle la peint dans nos imaginations, elle l'incruste dans nos jugemens. Si ce vaste Univers n'était qu'une informe masse obéissant à un seul mouvement, on pourrait, peut-être, se figurer des isolemens d'ordre dans quelques parties. Mais non : indépendamment du mouvement général qui meut tout dans cet immense Univers, chaque partie, chaque atome, a encore son action particulière, ses fonctions particulières : or, si un seul atome avait une action, une fonction qui ne fût pas coordonnée à l'action générale, ce seul atome communiquerait de proche en proche le désordre; et finirait par tout bouleverser. Ces réflexions, et beaucoup d'autres trop étendues pour les développer ici, augmentèrent mon ardeur dans ma méthode d'étudier l'Histoire naturelle.

Cependant je me trouvai bientôt arrêté : la nature que j'observais était, depuis une longue suite de siècles, changée ou modifiée par la main des hommes : je ne pouvais donc toujours m'assurer si ce que je voyais appartenait à la nature seule ou à la nature influencée par l'homme; ainsi mes observations devenaient plus embarrassantes, et leurs résultats moins assurés. Je sentis que les lieux où l'homme civilisé n'avait point encore étendu son empire étaient les seuls où je pouvais reconnaître ses traits primitifs et caractéristiques ; que des îles mêmes, quelque grandes qu'elles fussent, devant leur existence à des révolutions terrestres qui les ont fait sortir des eaux ou déchirées des Continens, ne pouvaient encore me présenter les plants de la nature que tronqués et déformés. Le seul continent du Nouveau Monde pouvait m'offrir ces caractères purs, nombreux et concordans. Et dans quelle partie du Continent devaient-ils se trouver mieux conservés dans un plus parfait ensemble, que dans la Louisiane, qui lie les régions de la zone tempérée avec celles de la zone torride, qui gradue les nuances de l'une à l'autre, qui surtout est traversée du nord au midi par un des plus grands fleuves du Monde, dont les ramifications s'étendent, et à l'est et à l'ouest, si loin, dont les débordemens périodiques couvrent de si vastes étendues de terre, leur charient sans cesse de nouveaux déblais, qui les élèvent et les resèment de tant d'espèces de plantes.

Là, en même temps, l'homme présente proche à proche les plus grands contrastes. Le Sauvage, errant oisivement dans ces immenses régions, sans autres lois que ses habitudes; l'esclave condamné à de continuels travaux; l'homme civilisé repoussant loin de lui le premier, enchaînant l'autre à ses côtés, profitant de la faiblesse de l'un et des sueurs de l'autre: lui-même présentant dans sa civilisation des variétés presque aussi tranchantes. Le Créole différencié de l'Européen, le citadin encore plus du solitaire habitant des campagnes; le Français mitigeant son caractère ardent sous le flegme apathique de l'Espagnol; l'Anglo-Américain, encore fidèle aux mœurs de sa Métropole, après en avoir brisé le joug, tout entier à ses intérêts et à son ambition, marchant à découvert à l'exclusive puissance du Nouveau-Monde sans vouloir d'associés, et plus jaloux peut-être encore de soumettre à ses mœurs qu'à ses lois.

Tant d'objets qui, dans le pays neuf de la vaste et féconde Louisiane, promettaient à mes observations d'utiles découvertes, m'entraînèrent irrésistiblement vers ces régions, non par une aveugle présomption de mes talens, mais par la seule persuasion d'avoir trouvé une route nouvelle où se rencontrent avec profusion des vérités inconnues. Ni les conseils touchans de l'amitié, ni ceux de l'intérêt, ni les douceurs du repos et de l'indépendance ne purent m'arrêter; et je partis plus impatient d'arriver que ne l'avaient été ces hardis Aventuriers qui, les premiers, abordèrent ces contrées dans l'espoir d'y trouver ce *Dorado*, ces montagnes d'or ; aussi ce que je cherchais était pour moi bien plus précieux. C'est maintenant à mes Lecteurs à juger si je me suis follement flatté, si ce que je crois être des Découvertes en est en effet, si elles seront utiles aux sciences et à l'économie politique, et si ce qu'avec une égale diligence j'ai recueilli particulièrement sur le Commerce, la Geographie et la Politique, peut aussi intéresser les hommes en général, et ma Patrie principalement.

Comme les Voyageurs, je rends mes idées,

je peins mes sensations, je raconte ou je raisonne, selon que les objets s'offrent à mes regards. Tout est, pour ainsi dire, ici en action. Ainsi l'ordre, cette distribution méthodique, qui prête tant de force au raisonnement, qui rend la vérité plus sûrement victorieuse, ne saurait se trouver complétement dans un ouvrage de ce genre. Mais ces observations nombreuses d'histoire naturelle, et sur l'homme, isolées et disséminées, ne sont ici que comme des pièces justificatives et comme quelques-uns des matériaux qui doivent concourir à un autre ouvrage mieux ordonné et plus important objet depuis dix ans de mes méditations et de mes travaux, où, après avoir suivi les trois règnes, soumettant les facultés physiques et morales de l'homme à de nouvelles analyses, je crois parvenir à des résultats absolument nouveaux.

De legères répétitions, des incorrections, des fautes typographiques ont échappé dans le courant d'un Ouvrage ébauché au milieu des déserts, écrit et imprimé à la hâte, puisque je ne suis de retour que depuis quelques mois! J'ai droit à cet égard à l'indulgence de mes Lecteurs; et, pour le reste, je ne demande que justice.

Quel que soit le succès de mes Travaux, quelles que soient même les illusions de la gloire en leur faveur, ils ne pourront me rendre ce qu'ils m'ont coûté. La fièvre jaune a enlevé mon Fils dans mes bras. Seul maintenant sur la terre, il ne me reste que mes études.

Fin de l'Introduction.

VOYAGES

VOYAGES

DANS L'INTÉRIEUR

DE LA LOUISIANE,

DE LA FLORIDE OCCIDENTALE,

DANS LES ISLES

DE LA MARTINIQUE

ET DE SAINT-DOMINGUE.

CHAPITRE PREMIER.

Départ de l'Auteur pour Nantes. Observations durant son Voyage. Observations sur cette ville. Des Négocians. Avis utile à ceux qui s'embarquent. Mal de mer. Moyens d'en diminuer les effets. Régime pour conserver sa santé sur mer.

JE partis de Paris, dans le courant de l'automne, pour me rendre à Nantes, où je devais m'embarquer. Divers objets embarrassans m'obligèrent de les faire conduire d'Orléans par la Loire. Je descendis ce beau fleuve, qui étend son large lit à travers ces spacieuses et riches plaines, qu'une digue de plus de soixante lieues de long, ouvrage digne d'un grand peuple, défend des inondations. Bientôt je vis ce trop fameux château de Blois, monument des arts renaissans, et où le faible Henri III, laissant les lois impuissantes, aiguisa des poignards contre les Guises. Alors aussi les factions naissaient au nom de la religion, comme de nos jours, au nom de la philosophie. Je puis ensuite contempler, le long de ces hauts coteaux, ces immenses vignobles, entremêlés pittoresquement de ces singuliers villages souterrains, ne montrant qu'une façade, et n'élevant au-dessus du sol qui les couvre que des cheminées ombragées d'humbles ceps.

Plus loin à ma gauche, je découvre debout les ruines presque fumantes des hameaux et des bourgs confins de la Vendée, où des Français ont plus égorgé de Français, ont plus incendié de campagnes, que ne firent jamais les féroces hordes du nord dans leurs plus grands débordemens.

En descendant, le paysage se déploie et se

varie : de charmantes îles planes, divisent la Loire plus étendue, en plus de canaux : et de sinueux coteaux, qui les dominent, tantôt s'avancent et présentent des roches menaçantes, tantôt s'inclinent et se reculent pour montrer tout-à-coup des bois, des prés, des champs, des bourgs, des villes, des habitations, et toute la pompe d'une riche agriculture.

J'arrive à Nantes, à cette ville opulente naguères, et maintenant semblant couverte encore des crêpes funèbres de tant de victimes immolées autour d'elle. Là, une multitude de malheureux, comme dans presque toutes nos villes, nourris autrefois des besoins du luxe, d'un clergé fastueux, d'une noblesse dissipatrice, et de l'opulente finance, rappellent aux sages que les plus utiles réformes doivent, comme les œuvres de la nature, pour être plus parfaites, être plus lentes à s'achever.

Que sont devenus ces négocians dont les spéculations liaient cette grande ville aux plus lointaines parties du monde? La révolution les a entraînés dans ses gouffres. L'armement d'un seul brique nécessite aujourd'hui le concours de plusieurs, sous l'appui de difficiles crédits. Encore, si des lumières suppléaient à leurs moyens! elles sont si nécessaires au négociant! La géographie et la statistique ne sauraient lui offrir assez de détails sur les contrées où se dirigent ses opérations; il doit en connaître et les productions, et les besoins, et les diverses relations. En garde contre la concurrence, il sait à temps être lent ou actif. Cette vaine science des oisifs, la politique est pour lui l'arcane où s'épurent tous ses travaux. Il s'instruit des intérêts de toutes les puissances, des ressorts qui les meuvent; il pénètre jusque dans le mystère de leurs cabinets; il voit ourdir leurs projets de paix ou de guerre; il saisit les causes qui les avancent ou les retardent, et toujours, d'après ses attentives observations, ses expéditions sont, ou prêtes avant que d'autres les aient conçues, ou leurs retours effectués avant qu'on ait dit: Les hostilités sont commencées. Je ne me mêle pas de politique; la lecture des papiers publics est un temps perdu, entendais-je dire, en mauvais français, à un de ces novices négocians. Ils ignoraient même ce qui se passait à Paris; je ne devais pas m'étonner que plusieurs d'eux prissent la ville de la Havane pour une île, et qu'ils ne sussent pas que la Louisiane fait partie du continent. Je demandais un jour, à un d'entre eux qui se plaignait des retards de ses retours de Saint-Domingue, qui lui avait donné l'idée d'expédier, dans les circonstances actuelles (1), pour cette île, de volumineux meubles enrichis de bronze et de marbre rares, des lits chargés d'amples somptueuses draperies ? C'est, me répondit-il, que j'ai retrouvé, sur les livres d'anciens négocians, à-peu-près de pareils envois.

Durant un séjour de plus de trois mois, que je fus contraint de faire dans cette ville, je n'eus que trop d'occasions de remarquer combien s'était étendue cette honteuse ignorance qui nuit autant aux intérêts des hommes qu'au bonheur de la vie privée. J'assistais un jour, entre autres, à une vente de livres considérable où se trouvaient beaucoup plus d'oisifs que d'acheteurs. Les meilleurs livres n'avaient pas d'enchère. On cria un *Voyage de Montagne*. Ah ! dit très-haut un des spectateurs, ce *Voyage de* montagne a dû être très-pénible, il doit être curieux ! Personne ne paraît même étonné de la ridicule méprise, et le *Voyage de Montagne* est alors enchéri

---

(1) C'était pendant l'expédition du général Le Clerc.

beaucoup, et beaucoup au-dessus de sa valeur.

Le commerce, dans ses jours de splendeur, a élevé une salle de spectacle dont l'orgueilleuse colonnade le dispute au grands monumens de la capitale: et les asiles du pauvre et de l'orphelin ont été négligés! La salle, brûlée durant la révolution, laisse tristement ce fastueux portique attendre une nouvelle salle.

Comme ce pays est favorisé de la nature pour tous les besoins de la vie! en est-il un sur la terre qui puisse offrir une plus grande variété de productions dans toutes les saisons, pour la santé et pour la sensualité même! Leur abondance est telle, qu'elles ne sont pas le partage exclusif des riches. La modicité des gains de l'ouvrier lui permet même d'en jouir. Un de mes premiers soins, dans toutes les villes, est toujours d'en visiter les marchés. Là, bien mieux que dans les cercles vaniteux des coteries, je juge des moyens de l'industrie, des succès du commerce, de la richesse ou de la détresse des villes, de l'aisance ou de la misère des campagnes, de l'état de leur culture, de la diversité et de la fertilité de leur sol.

Là, en contemplant les merveilles de la

nature, et celles du génie de l'homme qui sait les multiplier et les perfectionner, j'en aime davantage mes semblables, et j'admire aussi de plus en plus leur auteur. Dès l'aube du jour, je voyais à Nantes, dans les jours de marché, sur le pompeux quai de la Fosse, de diligentes paysannes étaler, dans de larges paniers, les plus beaux fruits, la pomme et la poire aux couleurs vermeilles, qui ne le cèdent ni pour la beauté, ni pour le goût, à celles que paie si chèrement le parisien : à côté, des sachées de marrons rembrunis m'étonnaient autant par leur grosseur que par la modicité du prix; et avec trois ou quatre écus, une famille fait, pour tout l'hiver, sa provision de ces divers fruits. Le bon marché des farines savoureuses de millet et du gruau, de ce gruau de Bretagne, recommandable même à la médecine ; ce bon marché en fait une économie pour le pain. Sur d'autres places, la profusion de toutes les espèces de légumes les met à un aussi médiocre prix. Ce beurre de Bretagne, légèrement saturé de sel, ne coûte, dans l'été, pas plus de huit sous, et en hiver pas plus de douze.

La volaille, nourrie principalement de sarrasin, est excellente, et son prix est proportionné aux autres denrées. Mais ce qui est vraiment surprenant, c'est la prodigieuse quantité de toute espèce de gibier, et la modicité du prix. Un grand lièvre, en en vendant la peau, ne valait pas plus de vingt-quatre sols ; la perdrix grise de huit à dix sols ; et la rouge, si recherchée du sensuel, non pour ses brillantes couleurs, mais pour sa grosseur et sa saveur exquise, ne coûtait pas plus de quinze sols. Je ne parlerai pas de ces multitudes d'oiseaux aquatiques, depuis le canard jusqu'à la poule-d'eau, parfois presque à aussi bon marché que le pain.

Ce qui est encore plus étonnant, c'est l'intarissable abondance de poissons de mer, de rivière, d'étang, de lacs. Chaque saison, et souvent chaque marché, en amènent de nouvelles diversités. Il faudrait un traité exprès pour les nommer et les décrire toutes, depuis les saumons jusqu'aux sardines, depuis le brochet jusqu'au poissons blancs, depuis le homard jusqu'à la chevrette. La Loire est continuellement couverte de bateaux chargés de diverses espèces : j'en ai vu qui ne portaient que des raies ; et dans leur prodigieuse abondance, il faut les donner presque pour rien.

En voyant de si grosses tanches, des brochets monstrueux, des carpeaux aux écailles dorées, j'appris qu'un lac voisin de la ville fournissait ces magnifiques poissons : ils ne se vendaient ordinairement pas plus de vingt-cinq à quarante sols, comme les plus belles anguilles. Nantes devrait, en vérité, être la capitale de la nation la plus étendue, la plus populeuse de la terre, celle des gourmands. Quant aux vins, ceux du pays y sont à vil prix; toutes les rives de la Loire lui en envoient de toutes les espèces; la mer et la terre lui amènent ceux de Bordeaux, et avec si peu de frais, que le prix en est à peine différent.

Je ne parle point des viandes de boucherie. Il suffit de rappeler que cette ville est approvisionnée, indépendamment des fécondes contrées qui l'environnent, d'un côté, par la Bretagne, de ces petits, mais délicieux moutons; de l'autre, par les gras paturages de la Vendée, sa voisine, qui lui fournissent les plus beaux bœufs du monde.

Cette extrême abondance des denrées, et la modicité de leur prix, devraient faciliter dans ce pays l'établissement de diverses manufactures, de celles surtout nécessaires au commerce maritime, en laine, en coton, particulièrement en toiles peintes : elles y manquent tellement, que de toutes les cargaisons de nos ports, celles de Nantes sont les moins importantes.

Les armateurs recherchent beaucoup les passagers ; cela doit être, puisqu'ils peuvent les nourrir à si peu de frais. Aussi leurs amis, ou eux-mêmes, ne manquent pas de se presser d'inviter les arrivans à traiter avec eux : tous vous font valoir la solidité de leur navire, sa marche supérieure et la commodité de ses distributions, les talens du cuisinier, l'abondance et la diversité des vivres, l'honnêteté du capitaine, la proximité du départ; et trop souvent il faut être en garde contre ces séduisantes promesses. Je dois, à ce sujet, quelques documens aux voyageurs que pressent leurs affaires, et à ces familles qui toujours ont tant besoin d'économiser dans ces longs voyages.

D'abord, ne croyez presque aucun d'eux pour le terme du départ; la plupart vous font attendre inhumainement un mois ou deux au-delà de l'époque annoncée du voyage; et, lorsque vous êtes embarqué à Nantes, ne vous imaginez pas être au terme de vos dépenses et de vos retards ; il faut le plus souvent débarquer de nouveau à Painbœuf, se remettre à l'auberge, quelquefois pour huit, quinze jours, et plus : heureux si on ne vous débarque point encore plus bas! Ne les croyez pas plus sur le nombre des passagers; ils en prendront tant qu'il s'en présentera; ils doubleront ou tripleront le nombre, n'importe la gêne où vous vous trouverez. A mon arrivée à Nantes, un bâtiment avait été tellement encombré de malheureux passagers, et les provisions si peu proportionnées à leur nombre, qu'au débouquement, le plus grand nombre fut obligé de se faire débarquer; et c'était déjà un mois après leur départ de Nantes.

On ne saurait donc d'abord trop prendre de renseignemens, et sur la qualité du navire, et sur la moralité des armateurs, et sur le caractère du capitaine; il y a ordinairement beaucoup d'inconvéniens quand celui-ci est intéressé dans la cargaison. Le traité pour les conditions du passage ne saurait être trop détaillé et trop clair; ne vous engagez qu'à payer un à compte, et tout au plus moitié avant le départ; faites y désigner la chambre ou la cabane que vous devez occuper, et surtout faites y préciser le dernier terme du départ.

dant, lorsque la mer est trop grosse, je conseille de rester un peu plus couché; le lit diminue considérablement l'effet des secousses.

Cet air de la mer est extrêmement apéritif: dès qu'on a vomi, on sent l'appétit renaître; on doit y céder, mais avec discrétion; l'estomac, irrité et affaibli d'abord par ces grandes vacuations, craint beaucoup d'être trop chargé. Alors il faut choisir les alimens calmans, légers, et cependant un peu nourrissans; du bouillon gras et de la volaille. Le vin de Bordeaux est le meilleur de tous; il soutient et n'échauffe pas trop; c'est celui qu'on a ordinairement en mer : les liqueurs toujours dangereuses, le sont alors bien plus. De temps à autre, il est bon de faire usage, avec circonspection, de salaisons: de jambon, par exemple; elles redonnent à l'estomac le ton que le bouillon gras et les viandes de volaille contribuent à lui ôter. Il faut ordinairement rester sur sa faim, et manger plus souvent. Je conseille à ceux qui sont d'une faible santé de se munir pour leur compte, de tablettes de bouillon. On en trouve dans tous les ports : elles sont d'un grand secours sur la fin des voyages, où souvent les viandes fraîches commencent à manquer. On a imaginé depuis peu un sirop de lait dont je n'ai malheureusement pas la recette : c'est un moyen agréable pour remplacer le lait à ses déjeûners et à différentes choses que les femmes et les valétudinaires aiment. On en vend à Bordeaux ; et je présume qu'il doit s'en trouver dans les différens ports de France. Ne le connaissant pas, je suppléais au lait par le jaune-d'œuf délayé dans le café ou le thé ; c'est un déjeûner léger, agréable et qui dispose très-bien pour le dîner. Mon témoignage a d'autant plus de poids que personne au monde n'a d'abord plus souffert du mal de mer ; j'ai donc dû être plus attentif à observer ce qui pourrait prémunir contre cette trop cruelle maladie.

Je sais aussi, par ma propre expérience, les retards où sont exposés les voyageurs, quand, trop confians, ils s'en tiennent à des promesses verbales pour le temps du départ. Je partis six semaines plus tard, qu'on ne me l'avait promis. Il fallut encore débarquer une huitaine à Painbœuf, cinq à six jours à un village plus bas. Dans ce dernier débarquement, où la plage était garnie de roches noires, que la mer en se retirant laisse à sec, j'y retrouvai une extrême variété de plantes marines :

il y en avait dont le long et épais feuillage ressemble à de grandes lanières de cuir ; d'autres découpées et peu frisées, imitaient les lambrequins d'un casque ; d'autres, branchues et fermes ont le port d'arbustes diversifiés par leur feuillage. Toutes ont, dans l'épaisseur de leurs feuilles, de ces bourses vides, proportionnées à leurs dimensions, afin que ces feuilles ne traînent pas dans la vase, ne se meurtrissent pas contre les rochers, et qu'elles puissent se soutenir, s'étendre au sein des eaux, comme le font nos plantes terrestres au milieu de l'air. Mais ce qui fixa singulièrement mon attention, ce fut de rencontrer parmi ces bourses, globuleuses, ou un peu planes, plusieurs d'entre elles dont la forme était précisément celle des grosses pattes d'écrevisses, l'un des doigts ou pinces plus gros et plus alongé que l'autre, la couleur étant noirâtre et chagrinée. Cette observation me fit présumer qu'il devait se trouver sur ces parages beaucoup de crustacées. Je m'en assurai par le témoignage des habitans, et par ceux que je voyais moi-même à demi-cachés dans les trous et sous ces touffes herbeuses. J'y rencontrai des chevrettes, de petits homards, des crabes. A l'aide de ces fausses pattes, ils

échappent

échappent davantage à la vue des oiseaux et des animaux qui s'en nourissent, jusqu'à ce que la mer revenue les mette tout-à-fait hors de danger. Et, tandis que la nature fait errer sans cesse sur ces lieux diverses espèces d'animaux qui arrêtent leur trop grande multiplication, elle donne à ces plantes, au milieu desquelles ces crustacées viennent paître, des formes trompeuses qui empêchent leur destruction totale. Quelle admirable économie ! Dans les îles et sur le continent de l'Amérique, où le reflux de la mer, beaucoup moins grand, ne laisse pas ainsi à nu de grandes plages, je n'ai pas rencontré cette espèce singulière de plante marine.

Au lieu de me rendre directement à la Louisiane, je préférai passer par les îles. J'espérais y faire des observations qui répandraient plus de lumières sur celles qui me conduisaient à la Louisiane. Je ne crois pas avoir été trompé dans mon attente. Ainsi je m'étais embarqué pour la Martinique, où je présumais retrouver facilement des occasions directes pour la Nouvelle-Orléans.

CHAPITRE II.

Traversée. Plantes voyageuses. Coquillages. Coucher du soleil. Baptême du Tropique.

Le 22 avril nous arrivâmes sous le tropique, qui, comme on sait, est par le 23.ᵉ deg. 20 m. de latitude-nord. Là, on commence à voir le soleil une fois l'année, à midi, perpendiculairement sur la tête : là aussi, on commence à le voir en se tournant du côté du nord. Ce terme est toujours, sur mer, une époque mémorable et de réjouissance. Alors on a dépassé ces mers orageuses et inconstantes qui souvent suspendent la route de l'impatient navigateur, et le font parfois rétrograder jusqu'aux côtes rocheuses du golfe de Gascogne.

Mais, vers le tropique, l'Océan, gracieusement azuré, n'est plus agité que par les vents constans de la partie de l'est, vents si justement nommés *alisés*, pour dire vents de l'*Elisée*. Le matelot ne craint plus que des tempêtes, des bourrasques, des grains, le contraignent sans cesse à courir sur ces hauts mâts, sur ces longues vergues, prendre des ris, carguer ou descendre les voiles, renouer ou rassurer les agrès, pendant que les pluies, les vents, les flots, la foudre et l'horreur des ténèbres, conjurent à l'envi contre ses audacieux efforts.

Alors commencent pour lui ces journées oisives si chéries, ces joyeuses soirées, longuement prolongées dans les nuits, par des chants, des danses, des historiettes. Alors aussi le voyageur passager contemple avec sécurité ces mers transparentes, où tour-à-tour se jouent près de lui des troupes de marsouins au corps rembruni, au dos arqué; de vives dorades éclatantes d'or et d'azur, poursuivant des bandes de poissons volans qui fuient dans les airs et dans l'onde; de ces colossales baleines lançant dans les airs des trombes qui retombent en pluie et en vapeurs; se faisant entendre au loin par de lents soufflemens, par le bouillonnement des flots; s'élevant et se traînant sur la surface onduleuse de la mer, qui se courbe et se brise sous leur pesante masse.

Souvent aussi de larges plages, de jaunâtres goêmons s'offrent à lui comme des îles ambulantes dans la saison automnale. Où vont ces plantes amoncelées et arrachées du sein des mers par le choc de flots ? Des troupes de poissons se nourrissent sous leurs ombres protectrices. Leurs épaisses feuilles, leurs tiges rameuses, leurs bourses élastiques, sont couvertes d'une multitude d'espèces de frai de polypes, de gallinsèques, de reptiles, et surtout de coquillages des formes les plus variées : les uns ronds, pressés en anneaux autour des branches ; d'autres en volutes, sont en spirales alongées en fuseaux ; d'autres sont ou plus larges que longs ; d'autres sont aplatis.

Avec quelle surprise j'y reconnus la famille de celles nommées *corne d'Ammon* ; elles n'avaient pas encore une ligne de diamètre ; plusieurs même n'étaient visibles qu'à la loupe. Quoi ! me dis-je, l'analogie de ce coquillage, qui ne se montre au naturaliste que dans l'état de fossile, dont si long-temps il a présumé l'espèce perdue, la corne d'Ammon n'a donc pas cessé de vivre au fond des mers, et ces frêles plantes voyageuses portent donc journellement les nouvelles nées du levant au couchant., d'un hémisphère à l'autre ? Campagnes de Nivernais, qui m'avez vu naître, sans cesse leurs débris pétrifiés s'y sont offerts sous mes pas et sur vos surfaces, et dans les plus profondes fouilles, et dans les flancs déchirés des collines ! Il fut donc un temps où ces lieux, que sillonne maintenant la charrue, servaient de fondemens aux abîmes des mers ! Et vous, montagnes graniteuses du Morvant, qui les bordez à l'est, alors peut-être vous étiez des écueils fameux par des naufrages ! Quelles longues vicissitudes ont fait disparaître ces mers, les ont transportées si loin ? Ce soleil lui-même qui les échauffait alors a perdu maintenant de ses feux. La corne d'Ammon, vivante, ne se montre plus que sur les plantes et les plages des tropiques. Quel autre Buffon oserait encore soumettre à ses calculs les innombrables siècles qui se sont écoulés dans ces lentes révolutions ?

Ces mers, vers le déclin du jour, offrent au voyageur attentif d'autres merveilles. Le soleil, sur son penchant, paraît, pour se précipiter dans l'Océan, se détacher véritablement de l'horizon : on croit voir un immense lointain au-delà de son disque. Souvent aussi, amoncelant alors autour de lui d'épais nuages, il semble entourer sa couche d'ombres mystérieuses. Mais ses feux qui dardent au-delà, qui frangent d'or et d'argent les contours de ces noirâtres nues, qui s'échappent en jets lumineux à travers leurs crevasses, qui, se projetant sur une partie du ciel en longue traînée de pourpre et de rouge ardent, décèlent la présence du dieu du jour.

Sous les tropiques, l'air plus dilaté, appelle avec plus de promptitude les vapeurs : elles s'y condensent promptement en nues épaisses qui, sous un soleil plus ardent, produisent ces admirables effets de lumière inconnus à nos contrées septentrionales. Souvent l'opacité des nuages est telle, qu'à midi on croit être dans les ténèbres; et alors ces nues se dissolvent, non en pluies, mais en torrens.

J'ai vu quelquefois, sur ces mers, durant le court crépuscule de ces latitudes, des nuages diversement colorés border tout le contour de l'horizon ; leurs bases semblaient assises sur le cristal des eaux, et leurs sommités, dessinées pittoresquement, semblaient avoir été alignées par de savantes mains. L'azur des cieux, arrondi en dôme au-dessus, donnait l'idée d'une immense coupole dont le riche chapiteau était répété par le reflet des mers.

Le voyageur cependant qui n'a point encore atteint la ligne du tropique est pour les marins un profane qui doit être purifié par des ablutions. On en fait les préparatifs avec mystère. Le pontife, le représentant *du père Tropique, du bonhomme Tropique*, paraît alors, du haut de la grande hune, affublé d'une longue robe, couronné de pampres tropicales, décoré d'une barbe vénérable. Il demande ce qu'il y a de nouveau ici bas. On l'instruit que des profanes vont souiller son empire, s'il ne se hâte de venir les purifier. Il descend aussitôt, se place sur un siége élevé : un nombreux cortége l'entoure pour exécuter ses ordres suprêmes. Le capitaine, les officiers paraissent eux-mêmes lui être soumis. On annonce les néophytes. Mais l'argent, qui sur terre aplanit les routes du ciel et les couvre de fleurs, l'argent aussi étend sur la surface inhabitée des mers sa magique puissance. A la vue de ce séduisant métal, le pontife du tropique s'émeut ; sa voix retentissante faiblit ; son regard, ses traits, veulent paraître moins effrayans, et le riche néophyte qui a payé largement, au lieu des abondantes ablutions de l'eau épuratoire, n'en reçoit que quelques gouttes.

Cependant il faut au moins une victime qui, chargée des impuretés de tous, paie pour tous. Cette victime expiatoire, nécessaire au salut de tous, est toujours le plus pauvre, que maintes et maintes libations éprouvent long-temps avant d'être purifié.

Le baptême du tropique remonte au premier temps de la navigation sur ces mers. Les voyageurs historiens en parlent comme d'un usage ancien. Si l'origine de ces voyages se perdait dans l'obscurité des temps, de savans mythologistes n'auraient pas manqué de trouver dans ces cérémonies des rapports avec celles qui se pratiquaient, et dans l'Inde, et en Egypte, et dans la Grèce, et chez les Romains.

Le *pontife*, le *bonhomme Tropique*, aurait été sûrement pour eux *Bacchus*, *Osiris*, *Hercule*, *Neptune*, etc., que sais-je ? Mais ce qui est vrai, c'est que le génie de l'homme, borné sous tant de rapports, se ressemble et se copie, sans le savoir, à-peu-près comme un jeune animal imite tout ce que ses ancêtres ont fait, sans cependant l'avoir appris d'eux. Personnifier les abstractions de l'esprit est une chose si commode pour le savant et pour l'ignorant, pour le génie et pour l'esprit borné, qu'on ne doit pas s'étonner de retrouver chez toutes les nations, dans toutes les sociétés, et jusque dans la vie privée, le système des allégories. L'art de matérialiser les idées les rend plus faciles à arranger, à saisir et à retenir. L'Amour, sous la figure d'un enfant, à la physionomie lutine, au bandeau sur les yeux, à l'arc à la main, au carquois plein de flèches, instruit bien plus vite et bien mieux que les récits des poètes, des romanciers et de savantes dissertations de moralistes. Avant de chercher si telles divinités ou telles allégories viennent de telles autres, je voudrais que toujours on examinât d'avance si la similitude des objets chez différens peuples ne leur a pas donné les mêmes idées, sans cependant se communiquer ; si elle n'a pas fait naître ensuite des allégories approchantes : alors que de recherches immenses inutiles ! que de faste d'érudition à ôter de nos bibliothèques !

CHAPITRE III.

Arrivée à la Martinique. De la ville de Saint-Pierre. Défauts des villes des Colonies. Mœurs, usages. Commerce des gens de couleur.

Nous vîmes terre le trente-troisième jour de notre départ. Des courans rapides, déterminés par les intervalles que laissent entre elles les Antilles, nous avaient déjà averti de l'approche de l'île de la Martinique. Vers le midi, cette île s'offrit à nous, à l'extrémité de l'horizon, comme un nuage, mais plus opaque et plus constant dans sa forme. En approchant, la terre s'élevait et s'élargissait ; elle présentait l'aspect d'une montagne conique, dont les côtés, en s'abaissant, se festonnaient irrégulièrement. Nous devions, selon l'usage des navigateurs, entrer dans le canal de la Dominique, c'est-à-dire dans le détroit que forme le voisinage de ces deux îles ; et alors, pour arriver à la ville de St.-Pierre, nous n'aurions eu qu'environ un tiers de l'île à côtoyer : mais le capitaine, qui n'était point assez sûr de lui, n'osa entrer vers la nuit dans ce canal, quoique les cartes et les officiers lui annonçassent qu'il n'y existait pas un seul haut fond; que les vents, toujours réguliers, ne laissaient aucune crainte, et que la lune en son plein dût éclairer, sous un ciel pur, la nuit presque aussi bien qu'en plein jour. Des bordées qu'il fit courir jusqu'au matin déterminèrent notre route par le côté opposé. Nous eûmes alors au moins les deux tiers de l'île à tourner: je n'en fus pas fâché, car nous serrâmes la terre de si près, que je pus facilement distinguer les objets à la simple vue. Nous reconnûmes le cap *Ferré*; nous doublâmes la pointe *des Salines*; nous nous approchâmes à moins d'un jet de pierre, du rocher *le Diamant*, qui s'élève au-dessus de la mer en pain de sucre mutilé. Nous pûmes distinguer l'étroit chenal formé entre lui et la terre, où passent seulement des bateaux. Bientôt nous vîmes que la mer s'enfonçait profondément dans les terres, qu'elle y formait une spacieuse baie ; c'est ce qu'on appelait *le cul-de-sac royal*. Dans l'intérieur de cette baie , une langue de terre étroite, qui s'avance du nord au midi, resserre une seconde entrée, et la défend contre les vagues et les vents. Sur cette langue est construit le fort nommé *Fort-Royal*, que nous distinguâmes facilement.

En continuant de côtoyer l'île, elle se montrait toujours escarpée de rochers sur lesquels sont entassées des montagnes à pic qui se perdent dans les nues. Toute la partie du sud que nous avons longée présentait ses hautes sommités dégarnies de bois, ses pentes rapides couvertes de végétaux d'un vert pâle. Cet aspect est sauvage et triste. Vers les deux heures après midi, nous nous trouvâmes par le travers de la ville de St.-Pierre.

L'enfoncement de la mer, évasé en anse de panier, ne forme, à proprement parler, ni port, ni rade, ni baie; ce n'est qu'une *rade foraine*, ou un *mouillage* assez bon, tant que les vents ne viennent que de terre : modérés alors par l'élévation des montagnes, ces vents de terre soufflent presque toute l'année, excepté la saison des tempêtes, appelée *saison de l'hivernage*, commençant vers juillet. On ne peut donc, durant la bonne saison, approcher de la ville, qu'en louvoyant; et si l'entrée de cette baie n'était ainsi évasée, elle serait alors inabordable. Le pied des mornes ou montagnes s'avance, pour ainsi dire, jusqu'au rivage, et ne laisse le long de la côte qu'une étroite lisière. C'est-là que se déploie la ville dans une étendue de plus d'une demi-lieue. On n'a pu établir parallèlement à la mer que deux à trois rues, encore une seule, la plus proche du rivage, est sur un terrain égal; les autres sont impraticables aux voitures, tant elles sont montueuses. Nos indolentes créoles les parcourent en chaises à porteur, ou, plus fastueusement, dans des hamacs que de robustes esclaves portent sur leurs têtes. Les rues transversales, c'est-à-dire celles qui de la mer vont au pied des mornes, y sont nécessairement courtes; elles finissent brusquement au pied de ces monts à pic. La ville paraît écrasée sous leurs masses effrayantes, et à mesure qu'on s'en approche, il faut péniblement élever la vue pour découvrir l'horizon. On croirait que ces hardies montagnes vont s'écrouler sur leurs toits; et véritablement on devrait le craindre, en apprenant que de fréquens tremblemens s'y font ressentir : ils annoncent les sulfureuses excavations de ces monts jadis volcanisés. Leurs flancs, hérissés de rochers inclinés vers le couchant, seraient autant de réverbères qui embraseraient la ville, s'ils n'étaient çà et là couverts de végétaux et déchirés par de profondes ravines où coulent et tombent en cascades, à travers des rochers noirâtres, des eaux qui, se dérobant aux feux du soleil, y sont toujours fraîches. Les pluies passagères, mais impétueuses, les transforment, par momens, en torrens dévastateurs.

On a su profiter de ces eaux abondantes, pour les distribuer dans toutes les rues de la ville, où elles coulent avec une rapidité vivifiante : sur ces sites inclinés, elles s'épurent et rafraîchissent l'air. Leur fraîcheur contribue sans doute principalement à entretenir ces brises qui journellement descendent des mornes, et courent à travers leurs gorges sinueuses pour se répandre aux environs. Sans ce concours de circonstances, le site de la ville de St.-Pierre, enfoncé au pied de ces hautes montagnes, ne serait pas habitable sous une latitude de 34 deg. plus méridionale que Paris. L'air y est en effet tel, qu'on y supporte des habits de drap léger : ce vêtement est même le plus sain, attendu que, rencontrant, selon la position des lieux, des courans d'air plus vifs, on s'y trouve hors d'atteinte de ces transpirations supprimées, presque toujours mortelles sous les zônes torrides.

Les rues de cette ville sont passablement alignées, assez larges pour nos climats tempérés, mais pas assez sous un soleil brûlant. Je les voudrais si spacieuses, qu'elles pussent être bordées d'avenues d'arbres qui rafraîchiraient et assainiraient l'air. Leur ombre déroberait les maisons à ces chaleurs étouffantes où naissent ces fièvres qui frappent à mort l'Européen, avant même qu'il s'en croie attaqué. Le pavé des rues ne brûlerait pas au point de n'y pouvoir tenir les pieds en repos; et le piéton étranger, que ses affaires obligent d'aller et de venir sans cesse, ne sentirait pas son sang s'allumer sous l'aplomb d'un soleil embrasant.

Aucune des nations européennes n'a, dans ses établissemens, fait attention à l'immense différence de ces climats d'avec celui de leurs métropoles; toutes ont dessiné et construit leurs villes sur les plans et les distributions de leurs habitudes particulières; toutes ont économisé parcimonieusement les largeurs des rues et des places, les distributions des maisons, de leurs cours et de leurs jardins, lors cependant qu'elles fondaient ces établissemens au milieu des déserts, et sur d'inutiles terrains. La portion surtout des habitans commerçante et moins aisée s'y trouve chèrement entassée comme dans nos villes populeuses. Aucun réglement n'a prévu à cette calamité, qui, depuis trois siècles, dévore des millions d'hommes si précieux pour l'agriculture, le commerce, les arts et la défense de leur pays.

Les maisons sont, en cette ville, bâties en pierre, élevées d'un ou de deux étages. On ne doit pas s'attendre à trouver les distributions recherchées de l'Europe moderne, de ces boudoirs mystérieux, de ces petites pièces compliquées où le riche, chez lui, à l'insu même de sa famille, dérobe ses plaisirs et ses soucis jusqu'à ses curieux valets, se rend invisible au mérite nécessiteux, à la vertu persécutée, sans cesser d'en paraître le protecteur. Là, du moins on dédaigne de se montrer autrement qu'on est ; le vicieux y paraît avec tous ses vices, et le cupide avare avec son inflexible dureté.

Les colons, tout entiers aux soins d'agrandir leur fortune, ou à leurs sensuelles jouissances,

jouissances, ne connaissent pas ces agrémens qui se lient aux plaisirs de l'esprit et aux charmes de l'imagination. Leurs maisons à la campagne, celles de la plupart des cultivateurs, et à la ville, celles des marchands, des artisans, souvent même des négocians, n'offrent, pour les boutiques, les magasins et les ateliers, que des espèces de celliers éclairés par des portes et des fenêtres à grossières fermetures. Leurs logemens particuliers sont des galetas, ou même des greniers, qu'en France la médiocrité aurait honte d'habiter. Là cependant se trouvent de ces hommes à fortunes opulentes, qui versent à pleines mains l'or parmi ces femmes lubriques, dans ces jeux ruineux, ou qui n'accumulent en hâte, que dans l'espoir de venir un jour étaler au milieu de nos capitales le luxe et la mollesse asiatique.

Les maisons de quelques riches, reculées sur les derrières de la ville, construites sur des sites plus aérés, sont un peu plus convenablement entendues. Le sallon de compagnie est ordinairement la pièce d'entrée; il tient lieu de vestibule pour communiquer dans les autres parties de la maison. Les esclaves y vont et viennent; mais ces hommes ont des yeux pour ne pas voir, des oreilles pour ne pas entendre. Les décorations en sont simples. Le pavé, ordinairement de marbre, est ce qui m'a paru de plus riche. Les murs y sont seulement blanchis, quelquefois peints ou boisés, ou garnis de papiers. Des siéges en bois ou en paille, quelques tables couvertes de porcelaines, en forment à peu près tout le mobilier. Grace au climat, point de ces massives cheminées enfoncées dans d'épais murs, comme pour en dérober la flamme pétillante qui réjouit tant la vue, et en diminuer la chaleur, si nécessaire chez nous à l'homme en repos; et parconséquent, point de magots et de lourds bronzes pour les décorer. Les glaces y sont rares : ce ne sont le plus souvent que ces miroirs à larges cadres, qu'on ne voit plus chez nous que dans les demeures délaissées de nos obscurs ayeux.

Il faut de l'air; c'est le besoin renaissant de tous les momens de l'homme, surtout inactif. Tout, dans ces espèces de maisons, est ordinairement sacrifié pour l'obtenir : pièces grandes, percées de larges ouvertures, galeries, escaliers extérieurs pour rendre plus libre cette si nécessaire circulation de l'air, et défendre les appartemens de l'action du soleil;

les pièces particulières, toutes aussi simples dans leurs ameublemens, n'offrent que quelques chaises, une table, une armoire, une légère couchette sans rideaux, mais embrassée, comme dans un sac carré, d'un mousticaire déstiné à défendre des attaques des insectes volans. Ces mousticaires sont de tissu clair, comme linon; marly, mousseline ou toile.

Si quelquefois le sallon est garni de portes vitrées, on n'en voit point aux autres pièces. On y connaît bien moins ces draperies richement frangées, ces meubles somptueux où se déroule le lampas aux brillantes couleurs, qu'étalent nos vaniteuses bourgeoises, moins pour s'y asseoir que pour les montrer.

Pour tableaux, on ne rencontre que des portraits de famille, où de larges épaulettes et le ruban ponceau de chevalier tranchent surtout vivement. La plus grossière caricature attache bien plus les regards, que le plus moelleux de nos burins.

Dans le petit nombre de ces demeures particulières, l'homme aisé y jouit vraiment d'un air plus frais et plus salubre.

En France, la maison du riche ne se distingue de celle de la fortune modique que par les inutilités du luxe, dont la vanité fait le prix bien plus que le besoin; et sous de modestes toits, habitent plutôt le bonheur et la santé : mais dans les villes des colonies, le charme de respirer un air pur et libre, de jouir d'une ombre fraîche, semble être le privilége de l'opulence; et le nécessiteux, obligé d'exister par son travail et son industrie, vit resserré, privé d'air, sous des toits embrasés. Tel est surtout le sort de l'Européen que l'infortune amène sous ces climats brûlans. C'est-là aussi où la mort frappe sans cesse ses innombrables et précoces victimes. O vous dont le génie est de changer les destinées des nations, bientôt vous étendrez une main réparatrice sur ces malheurs nés de l'ignorance et de l'incurie!

Ce petit nombre de maisons consacrées aux fortunés riches, est encore loin de réunir les avantages qu'exigent ces climats et qu'offrent leurs sites. Point de jardins, quelques cours resserrées et mal tenues n'y sont pas rafraîchies par les ombrages de ces arbres d'une végétation si étonnamment rapide. Dans ces régions où la nature prend des formes si pittoresques; où les végétaux se revêtent de feuillages si grands et si majestueux; où des lianes si vivaces montent et redescendent des plus grands arbres, s'y enlacent en guirlandes, en épaisses draperies, en longues colonnes; où, sous leur ombre, la terre aime tant à se tapisser de verdure, à s'émailler de fleurs ; où partout le baume des plantes exhale de si suaves odeurs; où toujours le printemps, l'été, l'automne, prodiguent à l'envi tous à-la-fois, sans se reposer, leurs plus riches dons : dans ces régions, l'homme partout, presque partout se montre insensible aux merveilles, aux trésors inépuisables de la riche nature. Le gain, l'or, de grossiers plaisirs, enivrent seuls toute son ame, ferment tout-à-fait son cœur à ces si douces et si aimables jouissances !

Plaines qu'entourent la capitale des Français; rives qu'arrosent la Seine et la Marne tortueuses, vos habitans, à l'envi, vous parent des plus rares végétaux des deux mondes; rassemblent à grands frais, acclimatent, par un art savant, ceux qui naissent, et vers les glaces des pôles, et sous le cercle équinoxiale. Ils s'y complaisent sous ces longues avenues arrondies en berceaux, au milieu de ces mystérieux bosquets où serpentent d'ingénieux sentiers. Dans tes murs mêmes, Paris, le faste des arts, le torrent des plaisirs, les travaux toujours actifs du pauvre ne sauraient affaiblir ce besoin, de frais ombrages, des fleurs et des gazons : si l'habitant n'en a la réalité, du moins il lui en faut l'image.

Oh! que j'aime à me rappeler ces quais populeux bordés d'arbustes et de fleurs éclatantes, où à côté de l'opulence la modeste ouvrière achète, des épargnes de ses si petits gains, ce pot de fleurs que sa gentille main va soigner si affectueusement, que ses regards vont sans cesse caresser; et ce bouquet, don de l'amitié ou de l'amour, ne sera pas par elle, comme dans les mains des olivâtres beautés de ces régions-ci, aussitôt impitoyablement brisé. Long-temps ravivé par des eaux renouvelées, il va parer son humble cheminée, parfumer l'air qu'elle respire. Oui, dans ces lieux où la nature reçoit tant d'hommages, où de toutes parts des autels et des temples lui sont élevés, où des prêtres et des prêtresses ne cessent de lui sacrifier! dans ces lieux doit être placé le trône des nations; et si le génie s'apprête à les orner de trophées et d'arcs de triomphe à la gloire du héros qui commande, ils ne seront dignes de lui qu'entourés de festons, de guirlandes et de hauts arbres où, sous leurs ombres vénérées, les races futures se rediront les prodiges qu'attesteront ces monumens !

Ce qui frappe singulièrement en arrivant à St.-Pierre, c'est cette multitude de nègres, de mulâtres, de quarterons, de métis de génération, d'un sang mélangé de blanc et de noir. Le port, les places, les cabarets, les boutiques en sont occupés. Des quartiers entiers semblent exclusivement habités par eux. L'énorme disproportion de leur nombre avec celui des blancs remplirait d'effroi, si on ne savait qu'une force militaire est dans cette île, toujours plus que suffisante pour réprimer les plus audacieuses insurrections, quand son territoire, trop borné, peut encore être facilement circonvenu au-dehors par des secours extérieurs. Cependant la seule vue de ce genre de population graduellement croissante rappelle toujours, indépendamment des malheurs de St.-Domingue, à tout homme sensé, combien les Européens sont imprudens de faire multiplier des races qui, par leurs mœurs, leurs lois, leurs opinions, sont nécessairement leurs ennemis; qu'une telle multiplication dans des îles de l'étendue de St.-Domingue et de Cuba devient de plus en plus dangereuse ; mais que, si elle a lieu sur le territoire immense du continent coupé par de si grands fleuves, par des marais, des lacs, des chaînes de montagnes et d'immenses déserts, le mal alors deviendrait irréparable.

A la Martinique, ce sang mêlé n'est point seulement employé aux travaux de l'agriculture ; dans les bourgs et les villes, et spécialement à Saint-Pierre, ils exercent tous les arts utiles, toutes les professions lucratives, soit comme esclaves, sous la dépendance de leurs maîtres, soit comme locataires qui leur rendent des comptes, soit aussi souvent pour leur propre compte, et plus souvent encore pour eux-mêmes, comme libres et indépendans. Ils tiennent des ateliers et des boutiques de menuisiers, de tonneliers, de charpentiers, de forgerons, de tailleurs, de bijoutiers ; ils tiennent là un grand nombre de cabarets, et embrassent diverses branches de commerce, celles de détail, surtout des comestibles, plus pénibles, si l'on veut, mais plus lucratives. Ils ont sur les blancs l'avantage inappréciable de pouvoir toujours l'emporter par la concurrence. Plus simples dans leur habillement, plus accoutumés à être mal logés et à se priver des commodités européennes, vivant surtout beaucoup plus frugalement, ils peuvent donc, avec de moindres gains, gagner beaucoup plus. Ainsi, il reste peu à faire pour les blancs qui n'ont pas de grands négoces à entreprendre, ou des habitations agricoles à régir.

Chaque jour cet état de choses deviendra moins favorable à ceux-ci, parce que les gens de couleur, multipliant progressivement davantage, embrassent de plus en plus ces différentes branches d'industrie. Les blancs eux-mêmes le favorisent par leurs liaisons avec des femmes de couleur. Ils donnent aux enfans qu'ils ont d'elles des métiers, le seul héritage qu'ils leur laissent le plus souvent. L'européen peu aisé aura donc de plus en plus moins de ressources pour commencer de modiques entreprises ; les gens de couleur deviendront donc progressivement la portion des habitans la plus nombreuse, la plus active, la plus industrieuse, et ensuite la plus aisée : alors elle sera en état de profiter des circonstances pour subjuger à son tour les blancs, et même les exterminer. Voilà l'inévitable issue, qui peut être retardée, mais non détruite, à moins que de nouveaux principes, de nouvelles mœurs, de nouvelles lois mûrement réfléchies, sagement et circonspectement exécutées, n'amènent dans les colonies un autre ordre de choses.

Cette multitude d'esclaves qui inondent la ville de Saint-Pierre, est pour l'Européen arrivant un spectacle bien étrange. Lents dans leurs travaux, pusillanimes dans leurs efforts, ils sont ardens dans leurs plaisirs. Un d'eux, du milieu de leurs groupes nombreux, se met-il à battre en mesure une calebasse, ou le moindre corps sonore, toute la troupe s'émeut. C'est bien plus, quand un autre commence une danse : pressés autour de lui, le regard fixe, le col tendu, ils semblent retenir jusqu'à leurs haleines, tant ils sont attentifs à observer ses moindres mouvemens : toutes les passions, tous les transports qu'il paraît éprouver, se communiquent à tous; on dirait qu'ils n'ont plus alors qu'une seule ame. Jamais nos plus célèbres danseurs ne font, dans leurs plus grands succès, éprouver des impressions aussi profondes, aussi soutenues, aussi générales. L'art de ceux-ci consistant, il est vrai, dans les seules évolutions rapides de leurs jambes si mobiles, sacrifiant tout pour ces sémillans entrechats, pour ces volubiles pirouettes, pour ces hauts sauts répétés, ne peut alors s'harmoniser avec les graces du corps, avec l'expression du geste et le langage de la physionomie ; ainsi, l'attention des spectateurs, entraînée de surprise en surprise, par ces tours de légèreté et de souplesse, n'est plus susceptible de s'arrêter à ce qui peut émouvoir.

Mais dans la danse du sauvage africain, l'action des jambes, toujours subordonnée à celle du corps et de la physionomie, ne saurait opérer de refroidissantes diversions ; elles agissent assez pour aider l'expression principale, mais jamais pour la détruire ou pour l'affaiblir. Je le demande, qui des deux peuples est ici le plus barbare ?

On s'étonne de rencontrer sus ses pas ces femmes de couleur noire ou basanées, presque toujours vêtues avec l'air de l'aisance, et souvent avec luxe. De riches madras coiffent leur tête ; de fines toiles, des indiennes, des gingas, des mousselines de prix, sont employés pour leurs chemises, relevées par des broderies, pour leurs jupes traînantes, ou leurs robes encore plus longues. Leurs doigts, leurs bras, leurs cols, leurs oreilles sont ornés de bijoux d'or : ce qui est est encore plus singulier, c'est que la femme esclave est souvent aussi somptueusement parée que la femme libre. Si cet air d'aisance et de faste, tant éloigné de la simplicité de nos laborieux paysans, était dû au travail et à l'industrie, ce serait un ravissant spectacle qui annoncerait la prospérité et la félicité de ces contrées. Mais non, il n'est que le produit de la débauche. Des jeunes gens se perdent, des chefs de famille se ruinent pour subvenir à des dépenses d'autant plus désastreuses, que ces prodigues et vénales créatures ne sont avides de choses dont elles ne soupçonnent pas le prix, que pour les dissiper avec encore plus de prodigalité.

L'amour, oui l'amour est dans l'homme la plus noble passion, quand ce qui peut l'enflammer ne doit être que le prix des talens, de la sagesse et de la vertu. Mais quand, pour se rapprocher de l'objet de ses feux, il lui faut se ravaler à l'abjection d'une malheureuse esclave, incapable de sentimens affectueux, d'idées morales, de notions sociales; qui ne connaît pas de milieu entre la crainte et la licence; l'homme alors est descendu au dernier degré de dégradation; et l'état qui nourrit dans sein beaucoup de pareils hommes est lui-même dégradé. De-là, dans les colonies, des vices et des crimes encore inouis dans les régions de l'ancien monde les plus dépravées : le père y voit avec indifférence sa propre fille se prostituer ; il lui sait même gré du grand nombre de ses amans passagers ; il en devient au besoin le confident. Faut-il dire que, dans mon court séjour à cette colonie, j'en ai vu des exemples? Souvent le père laisse dans les fers de l'esclavage ceux des enfans qu'il a eus de ces liaisons dégradantes : souvent encore il les vend ; et ces exemples sont si fréquens, que le remords ne vient pas l'en punir.

Sensibles Européens, vous vous apitoyez sur l'infortuné Joseph vendu par ses frères ! et à vos côtés, peut-être, est un de ces hommes coupables d'un crime pareil, et plus atroce! Les lois de la nature, ces lois si saintes, qui rattachent tous les êtres à leurs semblables, qui surtout inspirent à la paternité une si tendre sollicitude, ont donc ici perdu leurs traces sacrées ! l'esclavage qui souille la terre de crimes si affreux est-il donc fait pour la nature humaine !

Les navires ne sauraient s'approcher, près du rivage, faute de fond ; presque partout ils sont obligés de mouiller au loin. Cet inconvénient rend plus dispendieux les chargemens et les déchargemens ; mais il donne à la ville plus d'air, plus de vue et plus d'agrément. Ce grand nombre de navires reculés sur plusieurs lignes laisse un intervalle toujours couvert d'embarcadaires, de chaloupes, de pirogues, de canots qui sans cesse vont et viennent et se croisent. Ce tableau mouvant, ces lignes de navires sur une belle mer, ce rivage plane, d'où s'élève une ville florissante; derrière elle ces si hautes montagnes dont le sommet de l'une est presque toujours couronné de nues, forme un spectacle des plus variés et des plus attrayans. L'air plus frais qu'on respire sur cette plage caillouteuse, où viennent expirer les flots écumans de la mer, feraient de ces lieux une promenade délicieuse, si des arbres, amis des eaux, les ombrageaient, et s'ils n'étaient le dépôt de toutes les immondices de la ville que les vagues rejettent sans cesse sur ces bords impurs, comme pour accuser les habitans de leur coupable profanation : on ne sait où poser le pied, on n'y respire qu'un air infect; les regards ne rencontrent que des objets dégoûtans; il faut s'éloigner avec chagrin des lieux qui devraient être, pour la promenade et les affaires, au matin et au déclin du jour, le rendez-vous de tous les âges et de tous les états. Ainsi, les maisons voisines, les plus agréables et les plus salubres, sans cela, où résident ordinairement les étrangers, sont les plus incommodes et les plus mal-saines.

L'emplacement de la ville a d'abord été déterminé au nord, par la forteresse, ouvrage de peu de conséquence, mais dans une situation élevée et salubre; commandant en face à la mer, et sur le flanc, protégée par une petite rivière dont le lit profond et semé de rochers forme une défense naturelle. Les premiers habitans s'établirent dans le voisinage de cette forteresse, et la ville semblait devoir continuer à se prolonger au nord, où le site est plus élevé, plus aéré, et par conséquent plus sain : mais l'accès des navires y eût été plus difficile et plus éloigné, par le peu de profondeur de la mer; et d'ailleurs, dans ces premiers temps, le pouvoir étendu et redoutable des gouvernemens, cette hautaine marine royale qui aimait tant à ravaler la marine marchande, nourricière du commerce, déterminèrent les commerçans à s'éloigner et à s'établir vers le sud; situation cependant si étouffée, qu'on croit passer sous un autre climat, et dangereuse par cette raison.

Dans les mois de juillet, d'août et de septembre, où les vents de la partie du sud, soufflant avec impétuosité, amènent des orages toujours renaissans, des chaleurs insoutenables ; où les maladies mortelles se multiplient ; où les végétaux eux-mêmes paraissent souffrans ; dans cette saison des tempêtes, nommées justement *temps de l'hivernage*, les vents impétueux de mer, roulant les flots vers la rive, tourmentent les vaisseaux et souvent les avarient ou les jettent sur la côte : pour lors, ils quittent ce mouillage ouvert de St.-Pierre, pour aller chercher un asile dans le port resserré et abrité du Fort-Royal.

On se demandera, sans doute, pourquoi la rade et le port enfoncés du Fort-Royal, si sûrs contre les plus violens ouragans et contre les surprises de l'ennemi, placés d'ailleurs au centre de l'île, près d'un site plus découvert, plus spacieux, où une grande ville pourrait s'accroître sans être obligée de resserrer ses rues et ses places, d'entasser ses édifices, jouirait en même temps au-dehors des agrémens de la campagne et des commodités de la vie ; on se demandera, dis-je, pourquoi Saint-Pierre, avec tant de désavantages sur le Fort-Royal, est resté la ville de commerce ? Les mêmes raisons qui, à Saint-Pierre, ont

éloigné

éloigné les commerçans du voisinage de la forteresse, les éloignaient encore plus puissamment du Fort-Royal, et leur faisaient préférer des dangers éventuels et passagers au malheur toujours constant d'être sous la main du pouvoir arbitraire, environné d'agens si disposés à étendre encore l'abus de l'autorité. Le commerce, semblable à ces grands arbres, ne saurait prospérer que dans un air libre. Le Fort-Royal, capitale de l'île, séjour des gouverneurs, des états-majors, de la force militaire, de la marine royale, était, malgré ses avantages, tellement redouté des négocians, que le gouvernement, voulant en faire le siége principal du commerce, fut obligé d'accorder des lettres de noblesse aux premiers négocians qui viendraient s'y établir. Ces distinctions honorifiques pour lesquelles les français d'alors, surtout, avaient tant de prédilection, ne purent les fixer au Fort-Royal seulement pendant les trois mois de l'hivernage; il fallut des exemples de sévérité; on alla jusqu'à couler à fond ceux des vaisseaux qui refusaient d'obéir. Les preuves que les avantages d'une heureuse situation, que des immunités, des distinctions, et même des réglemens les plus sages, ne sauraient compenser les abus irréparables du pouvoir absolu, se retrouvent partout sur les vastes régions du nouveau monde. Ses plus belles contrées, les plus favorisées de la nature, sont restées sous la main desséchante du gouvernement arbitraire des solitudes incultes, tandis que plusieurs autres de ses régions, enfoncées dans d'immenses déserts, éloignées des communications, sous un âpre climat, sur un sol pénible à cultiver, ont, sous l'empire d'une sage liberté, enfanté miraculeusement de populeuses générations et d'immenses richesses.

CHAPITRE IV.

Fort-Royal. Des marais. De l'art de les assainir, fondé sur la nature, plus sûr et moins dispendieux. Environs du Fort-Royal. Mangles. Crabes. Bourg du Lamantin, et autres parties de l'île. Histoire naturelle.

La ville du Fort-Royal au vent de Saint-Pierre, à sept lieues sud-est de celle-ci, est située sur le rivage de la rade, entre le Fort-Royal et la rivière de l'Hôpital. Son terrain plat et bas est formé des débris des mornes qui le commandent, et mêlé avec les alvusions de la mer qui le rendent plus élevé le long du rivage. Les derrières abaissés sont noyés de grands marais entretenus par les torrens qui descendent des mornes. La protection du fort détermina, comme à St.-Pierre, la position de cette ville. Le danger des marais, les établissemens et les besoins du commerce rapprochèrent davantage de la côte, et firent même prolonger des levées assez avant dans la mer.

Ces marais, sur les derrières de la ville, n'ont cessé d'être funestes à cette partie de l'île ; ils ont répandu des épidémies qui ont fait de ces lieux le tombeau des habitans et de nos troupes. En 1762, les Anglais, qui s'étaient emparés de cette île, perdirent au Fort-Royal plus de deux mille hommes. On a cherché à réparer ces calamités, en creusant un canal qui, traversant ces marais, se dégorge d'un côté dans le port, et de l'autre, à l'embouchure de la rivière de l'Hôpital. Ce canal isole la presqu'île de la terre; mais, trop étroit, il ne peut remplir qu'en partie le but qu'on s'était proposé; les maladies épidémiques ont diminué, et n'ont pas cessé.

L'art d'assainir les marais, si simple et si peu dispendieux, est encore inconnu. Il se réduit à empêcher l'action du soleil sur les eaux stagnantes, à les ombrager d'arbres qui entretiennent leur fraîcheur, qui, par leurs racines traçantes, leur chevelu épais, leurs bois poreux, leur feuillage touffu, recréent sans cesse un air vital qui circule autour d'elles, couvre leur surface, les pénètre jusque dans leur intérieur, et jusque dans les pores de ces terres limoneuses. Cette vérité, dont j'aurai des preuves multipliées en parlant de la Louisiane, est restée jusqu'à ce moment inconnue ; tandis cependant qu'elle se présente, pour ainsi-dire, d'elle-même sous différentes formes. N'est-ce pas dans la saison des chaleurs, que les marais sont dangereux? N'est-ce pas surtout quand il règne des vents chauds qui excitent la fermentation et accélèrent la putréfaction ? Ne voyons-nous pas les eaux stagnantes, exposées aux ardeurs du soleil, se troubler, se couvrir de limon, exhaler une odeur putride, se charger de productions immondes? et dans le même temps, ces mêmes eaux stagnantes, et qui sont abritées, conservent leur limpidité, ne se méphitisent pas, si le sol où elles sont ne contient pas des qualités malfaisantes. Les végétaux, par leurs pores, leurs canaux secrets, n'ont-ils pas des correspondances depuis les racines les plus ténues jusqu'aux feuilles les plus éloignées, et n'établissent-ils pas une circulation salutaire, de la cime des arbres jusqu'au fond des eaux ? N'y portent-ils pas ces huiles, ces sels, ces esprits vivifians? La chimie, enfin, ne nous a-t-elle pas révélé que les végétaux étaient les principaux fabricateurs de l'air vital (1)? Toutes ces choses maintenant si connues ne nous disent-elles pas? Défendez vos marais et toutes vos eaux stagnantes des effets de la chaleur solaire; appelez autour d'elles, et jusque dans leur sein, ces végétaux épuratoires de l'air, agens des communications souterraines avec l'atmosphère. Ne remarquez-vous pas, surtout parmi les *amentacées*, les nombreuses espèces de *saules* toutes si traçantes; celles des *peupliers*, multipliant, pour ainsi dire, autant en exsudant toujours une substance gommeuse fortement aromatisée? Ne la retrouvez-vous pas surtout en broyant légèrement dans vos doigts leurs tendres bourgeons, leurs feuilles naissantes, leurs jeunes écorces? Diverses espèces d'*aune* n'ont-elles pas aussi des qualités fortement astringentes, et par conséquent antiputrides? Ces *lauriers* et ces *magnoliers*, qui, dans les climats chauds, couvrent les eaux de leurs ombres, ne répandent-ils pas surtout leurs volatils aromates, par leurs fleurs, leurs fruits et leurs feuilles persistantes, et leurs écorces et leur bois, jusque dans l'état de dessiccation? Parmi les plantes inférieures, les nombreuses

---

(1) *Voyez* Chimie de M. Fourcroy.

espèces de *labiées*, qui, sous tous les climats, tracent dans les eaux dormantes, ne sont-elles pas, par leurs huiles évaporables, des moyens employés par la nature pour assainir les marais ? Et ces plantes mêmes qui nous apparaissent sous les attributs de dangereux poisons, telles que les *renonculacées* et les *ombellifères* aquatiques, n'ont sur l'air que de salutaires effets, par leurs émanations extrêmement atténuées. Une d'elles surtout, la *ciguë*, n'est-elle pas employée par la médecine comme un des plus puissans fondans, restituant au sang sa fluidité virginale, et repoussant hors des vaisseaux tout ce qu'ils peuvent contenir d'impur ?

Ainsi les végétaux qui environnent les marais qui s'élèvent à leur surface, doivent être protégés avec une religieuse surveillance. Leur profanation est toujours punie par mille fléaux, par des épizooties, des pestes qui attaquent les hommes et les animaux, et qui se propagent de générations en générations.

C'est pour avoir porté sur eux la hache sacrilége; c'est pour les avoir abandonnés à la dent encore plus meurtrière des herbivores, que des contrées entières sont devenues des déserts, ou n'ont plus offert que des générations d'hommes et d'animaux frêles et dégénérées.

Ainsi se sont dépeuplées d'hommes et d'animaux les antiques régions des bords du Gange, de l'Indus, du Nil. Marais Pontins, vous en êtes, près de Rome, le trop véridique témoignage ! Et sous le climat plus tempéré de l'industrieuse France, il n'est presque pas un seul de ses cantons où des marais découverts ne répandent autour d'eux, dans la saison des chaleurs, des miasmes morbifères.

Ces dispendieuses tentatives pour leurs desséchemens, faites sans respect pour les végétaux qui les couvrent, les rendent encore plus meurtriers, et il faut qu'ils dévorent long-temps ceux qui les comblent ou les dessèchent, avant qu'ils puissent épargner les races futures.

Mais au lieu de ces entreprises longues dans l'exécution, onéreuses aux peuples, presque toujours délaissées, et alors rendant ces marais plus contagieux, qu'on se borne simplement à multiplier à peu de frais les espèces d'arbres, d'arbrisseaux et d'herbacées que la nature leur destine, qu'à cet effet elle a rendus si traçantes, si vivaces et si touffues. Les moites fraîcheurs, les émanations salutaires de ces plantes épureront les lieux circonvoisins, deviendront encore utiles par l'immense produit de leur bois nécessaire au chauffage et aux arts. Leurs dépôts accumulés, les épaisses vapeurs qu'ils appellent et qu'ils fixent, les propres eaux de ces marais transmuées en substances solides par leurs filtrations chimiques dans les canaux compliqués de ces végétaux (1), élevant graduellement ces sites enfoncés, hâteront leurs desséchemens naturels ; tandis que des canaux creusés par la main des hommes, sujets à s'obstruer et à s'encombrer, ramènent sur ces lieux desséchés facticement des stagnations d'eaux de plus en plus dangereuses. Entraînant d'ailleurs ces dépôts limoneux, ils creusent ces marais, et les empêchent de se combler.

───────────

(1) Nous devons, de nos jours, à la chimie la mémorable découverte que l'eau n'est point un élément primitif simple ; qu'une portion du fluide aqueux se condense en substance solide. Cette expérience, avouée de tous les savans, mène à prouver que la nature opère encore plus efficacement ce que l'homme fait avec ses grossiers instrumens. Les principaux agens de la nature sont les végétaux ; leurs différentes races, comme autant de laboratoires divers, opèrent des décompositions et des recompositions sur le fluide aqueux, si variées et avec des propriétés si différentes, que l'homme ne pourra

Enfin, si la nature des lieux, si de pressans besoins exigent impérieusement ces desséchemens, au moins, en les exécutant, n'abattez que successivement les végétaux qui les couvent; ne les détruisez qu'à proportion que vos travaux avancent, et gardez-vous de livrer, sans nécessité, à l'action solaire, ces terres détrempées, mélangées de substances si opposées, dont l'active fermentation est toujours funeste! Ménagez avec le même soin ces ombres conservatrices pour les hommes que vous employez à ces périlleux travaux. La chaleur, en méphitisant les exhalaisons qu'ils respirent, raréfie, en même-temps leur sang, et le raréfie a un tel degré, que la circulation en devient extrêmement pénible, et la tension des muscles, pendant le travail, comprimant encore les vaisseaux, ajoute en même temps aux

---

jamais les imiter ni même les connaître toutes; et ce qui est surtout remarquable, c'est que des arbres élevés dans des caisses, dont on avait pesé la terre qu'elles contenaient, se sont trouvés, après plusieurs années, avoir acquis un poids considérable, indépendamment de leurs feuilles, sans que la terre où ils avaient végété eût perdu de son poids. L'eau qui les avait nourris n'avait pu avoir contenu assez de particules terreuses pour suffire journellement à leur accroissement, indépendamment de leurs émanations considérables.

obstacles de cette circulation, dans les instans même où elle a plus besoin d'être libre. De-là ces épouvantables maladies connues, dans les régions chaudes et humides, sous les noms de *peste*, de *maladie de Siam*, de *fièvre jaune*, etc.; toutes, comme je le prouverai ailleurs, avec plus de développemens, ayant leur siége dans le sang, qui se corrompt par ce défaut de circulation, et non dans les humeurs, n'agissent jamais ici que secondairement.

A travers ces mines souterraines et profondes, où vivent des hommes, où leurs familles se perpétuent, où des villages se propagent, l'atmosphère resserrée s'y recharge cependant continuellement, par de nouvelles fouilles, des poisons les plus subtils qu'enfante la nature; des vapeurs antimoniales et arsenicales s'y combinent avec les substances mercurielles, cuivrées, nitreuses, etc.; et sur terre, où l'air se renouvelle avec tant de facilité, des hommes sont dévorés en quelques mois, en quelques jours même, vers ces marais soumis à l'action du soleil. Faut-il d'autres preuves que la chaleur, plus que l'évaporation des terres, est le véritable principe de cette destruction; que le seul moyen de la prévenir, est de protéger les marais et les hommes par les ombres mystérieuses des végétaux? Vérité si simple et si naturelle, méconnue moins par le défaut de lumières, que par l'inattention, et que je n'ai moi-même saisie que pour l'avoir trouvée écrite partout en caractères énergiques, sur la surface de la marécageuse Louisiane. Oh! si ma voix est assez puissante pour être entendue de ma patrie, que de lieux dangereusement découverts vont se couronner de salubres végétaux! que de nouvelles richesses vont croître dans son sein et dans ses colonies! que de générations vont prospérer où siégaient les maladies et la mort!

Les mornes, qui s'élèvent derrière la ville du Fort-Royal, sont plus reculés qu'à Saint-Pierre, moins élevés et plus onduleux. Ce site paraît prendre la physionomie de nos sites agrestes de France. L'éloignement et la découpure des mornes laisse alors plus de liberté aux vents frais de se répandre sur la plaine, et ils rendraient le séjour de la ville plus sain, si l'assainissement des marais, la coupe des rues et leur largeur avaient été mieux entendus.

Le Fort-Royal occupe une langue étroite de terre, composée d'une roche tendre qui s'avance dans la baie, du nord au sud. Cette pointe est opposée à une autre pointe moins longue, appelée l'*Isle aux Moines*: toutes les deux forment l'entrée de la baie. Des batteries de l'une et de l'autre établissent un feu croisé, défendent l'entrée de la rade, protégent la baie, couvrent la ville et le port.

Cette langue de terre qu'occupe le Fort-Royal est tellement resserrée du côté de la terre, qu'elle n'a pas plus de dix-huit à vingt toises de large; et dans toute sa longueur, elle s'élève de quinze à dix-huit toises au-dessus de la mer. Le derrière, marécageux comme la partie de la ville, est séparé de la terre par le prolongement du canal de la ville, destiné à verser les eaux stagnantes dans le port.

Le morne Garnier est le plus haut de tous, et le plus escarpé. C'est sur son sommet qu'on a établi le Fort-Bourbon, dont les trois fronts protégent la ville en face, et sur les côtes, le port et la rivière de l'Hôpital. Sans la possession de ce fort, l'ennemi se rendrait inutilement maître du port de la ville et de l'embouchure de la rivière; il y serait foudroyé par l'artillerie dominante de ce fort.

terrible feu de leur canon chargé à cartouches, sur ces ivrognes, qui tombaient à chaque pas qu'ils voulaient faire pour aller à l'assaut, qu'ils en tuèrent plus de neuf cents. Le feu des vaisseaux ayant été secondé par celui que faisaient les habitans qui défendaient les palissades, obligea enfin l'officier qui succéda au comte de Stirum, qui avait été tué, de faire battre la retraite et de faire un épaulement avec des barriques qu'il trouva sous sa main, pour mettre à couvert le reste de son monde, et lui donna le temps de se désenivrer.

» Ruitter, qui vint à terre sur le soir, après avoir passé toute la journée à canonner ce rocher, fut étonné de voir plus de quinze cents de ses gens morts ou blessés : il résolut de quitter cette funeste entreprise, et de faire embarquer le reste de ses hommes pendant la nuit.

» Dans ce même temps, M. de Saint-Marthe, qui était gouverneur de l'île sous M. de Baas, qui était général, assembla son conseil, et résolut d'abandonner le fort après avoir enlevé le canon, attendu que celui des ennemis ayant brisé la plupart des palissades, et abattu une grande partie des retranchemens,

mens. Il était à craindre que les habitans ne fussent forcés, si les ennemis venaient à l'assaut quand ils auraient cuvé leur vin. Cette résolution ne put être exécutée avec tant de silence, que les Hollandais n'entendissent le bruit qui se faisait dans le fort, soit en enclouant le canon, soit en transportant les munitions et autres choses dans les canots, par le moyen desquels on devait passer de l'autre côté du port. Ils prirent ce bruit pour le prélude d'une sortie qui leur aurait été funeste dans l'état où ils se trouvaient ; une partie s'étant déjà rembarquée; de sorte que l'épouvante se mit parmi eux. Ils s'empressèrent de s'embarquer, et le firent avec tant de précipitation et de désordre, qu'ils abandonnèrent leurs blessés, tous les attirails mis à terre, et une partie de leurs armes ; pendant que les Français, épouvantés aussi par le bruit qu'ils entendaient, et qu'ils prenaient pour la marche des ennemis qui venaient à l'assaut, se pressaient d'une manière extraordinaire pour s'embarquer dans leurs canots ; de sorte que cette terreur panique fit fuir les assiégés et les assiégeans, chacun de leur côté, et laissa le fort en la possession d'un suisse, qui, s'étant enivré le soir, dormit tranquillement, et n'entendit rien de tout ce tintamarre. Il fut fort étonné quand, à son reveil sur les dix heures du matin, il se vit possesseur de la forteresse, sans amis et sans ennemis.

» M. le marquis d'Amblimont n'étant pas averti de cette double retraite, recommença à faire jouer son canon dès le point du jour. Mais ne voyant personne sur le fort, et n'y entendant aucun bruit, non plus que dans le camp des ennemis, dont les roseaux lui cachaient la vue, il fit mettre à terre un sergent et quelques soldats pour savoir des nouvelles. Ce sergent ne trouva que des morts, des blessés, et quelques ivrognes qui dormaient dans les magasins. Il en avertit aussitôt son capitaine, qui envoya un officier et des soldats reprendre possession du fort. On rappela ensuite le gouverneur et les habitans; et on commença, dès la même année, une partie des travaux que l'on voit encore à présent, qui consistent principalement en des batteries, partie en barbette, et partie à merlane, qui environnent toute la pointe et qui battent sur la rade, sur la passe et sur la baie ».

En doublant la pointe du Fort-Royal, et en avançant au fond de la rade, on trouve à gauche une espèce de canal qui mène au bourg nommé *le Lamentin*. Cette espèce de canal, long d'environ une lieue, paraît avoir été percé dans une forêt de mangles, qui, le bordant de chaque côté, forment, par leurs tiges lisses, cendrées et serrées, par leurs feuilles touffues, glacées et d'un vert foncé, un rideau charmant, qu'on dirait avoir été taillé au ciseau. L'ombre et la fraîcheur de ces lieux silencieux, les contours du canal à travers cette sombre forêt élevée sur la surface des eaux, font naître des idées romantiques, et inspirent une certaine mélancolie.

Le mangle, en effet, a un caractère différent des autres végétaux; il croît sur les rivages marécageux de la mer sous la zône torride, principalement à l'embouchure des rivières, ne s'élève guère à plus de vingt-cinq pieds, et dans son diamètre n'a pas plus de quinze pouces. Son tronc, droit et cylindrique, se charge d'un grand nombre de branches longues, souples et pendantes. Celles du bas du tronc, plus nombreuses, retombant d'abord dans les eaux, s'y changent en racines, qui s'étendent et se croisent avec celles des troncs voisins. Ainsi croisées et entrelacées, elles forment à la surface des eaux un espèce de plancher sur lequel on marche avec sécurité, et non commodément, les branches du sommet s'alongeant aussi extrêmement, se recourbent en arc jusqu'au niveau des eaux pour y prendre racine, et former de proche en proche de nouveaux troncs. Il suffit d'un seul arbre pour créer bientôt une épaisse forêt de toute l'étendue que le comportent les eaux dormantes, ou du moins peu animées. La nature, qui déploie tant d'activité dans ces eaux croupies, ne se contente pas de les encombrer hâtivement par ces longues et fortes racines, par les couches de ces feuilles renaissantes sans cesse, par les débris des troncs de si longue durée dans les eaux; elle y appelle encore des légions innombrables de crustacées, de coquillages et de reptiles. J'y ai vu des crabes en si grande quantité, qu'on pouvait les ramasser à pleins paniers (1). Les huîtres se multiplient aussi ra-

---

(1) A Saint-Domingue, dans les commencemens de l'établissement de Jérémie, où le sol, moins soigné et plus couvert, était plus humide, et couvert, près de la mer, de mangles, les crabes y multipliaient avec une profusion incroyable. « Aux premières pluies du printemps, dit *M. Moreau de Saint-Méry, description de*

pidement que les racines, et les couvrent d'un bout à l'autre. La consommation prodigieuse qu'en faisaient les Caraïbes, et ensuite les co-

---

la partie française de Saint-Domingue, t. 2; p. 801, ils quittent leurs rivages, pour regagner les terres; c'est alors que des milliards de ces animaux se répandent, notamment sur toute l'anse de Jérémie et dans la ville. Lorsque celle-ci n'avait encore que peu d'habitans, c'était un soin pénible que de défendre l'entrée des maisons à ces nouveaux hôtes. Malgré des précautions sans nombre, ils y pénétraient; on en avait partout jusque dans son lit; l'extérieur des murs ou des maisons en était tapissé, les toits en étaient couverts, les rues jonchées. Ils formaient quelquefois un tas de plusieurs pieds d'épaisseur, en se mettant les uns sur les autres. C'était une espèce de mur mobile et animé, armé de tenailles qui menaçaient de toutes parts ».....

Le 12 mars 1774, le juge de police rendit une ordonnance, où je lis ce préambule.

« *Sur ce qui nous a été remontré par le procureur du roi de ce siège, que la situation de cette ville expose ses habitans à souffrir beaucoup d'incommodités de la quantité innombrable de crabes qui ont coutume d'y passer pour se rendre au bord de la mer, que la nécessité où se trouvent les habitans de les tuer pour s'en garantir, et leur empêcher l'entrée de leur maison, pourrait donner lieu à des maladies dangereuses, par le mauvais air qui résulte nécessairement de la putréfaction; etc.* »...En conséquence, le juge ordonne:

lons, n'ont pu diminuer sensiblement leurs produits. Ainsi, bientôt ces amas de végétaux et d'animaux, se consolidant entre eux, élèvent de solides terres, qui vont résister aux chocs des flots, arrêter leurs empiétemens, et se couvrir, à leur surface, de terres végétales, pour produire de nouvelles plantes et nourrir d'autres animaux.

Arrivé au bourg du Lamentin, on y reconnaît, au teint plombé de ses habitans, les effets des miasmes des marais. Les mangles abattus dans ses environs, sous prétexte d'aérer le pays, et des desséchemens imparfaits, laissent à découvert des parties d'eaux stagnantes, qui se corrompent. L'exemple de celles qui, sous l'ombre, conservent leur pureté, n'instruit-il pas suffisamment que, pour prévenir cette contagion de l'air, il aurait fallu, d'après ce que j'ai déjà observé, toujours dessécher le terrain avant d'en abattre les arbres?

Le bourg, cependant, est situé sur un tertre dominant d'autres monticules qui l'environnent. Ce paysage très-boisé est agreste, sans être sauvage, et plaît surtout dans ces lieux où l'œil est fatigué de rencontrer à chaque pas des montagnes escarpées, déchirées, s'élevant sur d'affreux précipices.

Les dimanches, on y tient une foire ou marché considérable. Un grand nombre de marchands des villes de Saint Pierrre et du Fort-Royal, de la Trinité, avec les marchands ambulans, le garnissent abondamment de toiles, d'étoffes, de quincailleries, de bijouteries, et autres denrées à l'usage du pays. Les habitans cultivateurs s'y rendent de toutes parts pour assister à une courte messe, faire leurs emplettes et se voir : c'est le rendez-vous du canton pour les affaires et les plaisirs. On y rencontre surtout un grand nombre de nègres des habitations voisines, venus aussi, dans ce jour de liberté, pour leurs emplettes ou leur amusement. Ce qui est surtout remarquable, c'est la courtoisie des marchands envers eux, lorsqu'ils se présentent pour acheter : ce n'est plus ce regard hautain, cette voix menaçante ; tous pleins de complaisances et de cajoleries, ils déploient et bouleversent leurs boutiques, selon la fantaisie du nègre malin, qui jouit secrètement de se faire servir par ces maîtres altiers, et souvent finit par promettre seulement de revenir une autre fois. Ainsi, l'espoir du plus chétif gain fait à l'instant évanouir ces hautes distinctions que, selon le colon, la nature et l'intérêt public commandent aux lois. Que sera-ce donc lorsque, dans d'autres temps, les hommes de couleurs auront acquis de grandes richesses, et qu'un grand nombre de blancs seront dans la pauvreté !

Ces nègres et leurs femmes sont très-éloignés du luxe qu'étalent ceux qu'on voit à Saint-Pierre. Il faut cependant convenir qu'ils sont tous proprement vêtus ; qu'on n'en voit point de couverts de ces haillons dégoûtans que trop souvent la misère, à face exténuée, offre dans les villes et dans les campagnes de l'Europe. Ce n'est point la faute de la liberté, mais des abus qu'on en fait. Comment l'esclave pourrait-il présenter le spectacle douloureux d'une pareille misère ? Les lieux qu'il habite ont encore beaucoup plus de denrées qu'il n'en saurait consommer, et celui qui peut être nu six jours de la semaine, peut moins difficilement avoir pour le septième une chemise blanche et un pantalon propre. Les momens que lui accorde la loi pour se reposer et travailler à son compte, dans ces régions où la main d'œuvre est si chère, seraient bien autrement productifs pour nos ouvriers européens.

Cette île, la plus considérable des Antilles

françaises, le centre de leur commerce, est située par le quatorzième degré quarante-trois minutes de latitude au nord de l'équateur ; sa longitude diffère occidentalement de soixante-trois degrés dix-huit minutes quarante-cinq secondes du méridien de l'observatoire de Paris ; ce qui fait quatre heures treize minutes quinze secondes de différence. Cette île peut avoir soixante lieues de circuit, sur une longueur d'environ vingt-cinq ; sa largeur est inégale.

La Martinique, hérissée de montagnes rocheuses, prolonge, en s'abaissant, ses ramifications irrégulières vers la mer, y forme des anses, des baies, des rades, que les colons nomment *culs-de-sac*, pouvant la plupart offrir d'assez bons ports, ou du moins des mouillages. Mais leur situation trop isolée, trop peu communicative avec l'intérieur, a empêché d'y faire des établissemens considérables ; tel est surtout le cul-de-sac de la Trinité, formant un profond enfoncement couvert au sud-est par une longue pointe de plus de deux lieues. une autre pointe se dirigeant à l'est, dans une longueur d'environ quatre cents pas, resserre l'entrée de ce port, offre des moyens faciles de défense contre l'ennemi, tandis que les mornes qui l'entourent le protégent tellement contre les coups de vents, que, pendant la saison des ouragans, les vaisseaux y sont hors de tous dangers. Ce port offre encore l'avantage de se trouver beaucoup plus au vent, et d'abréger considérablement la route pour retourner en Europe. Mais, placé à une des extrémités de l'île, et d'un accès difficile pour l'intérieur, il n'est pas possible de profiter entièrement de ces avantages.

L'île de la Martinique n'est véritablement qu'un noyau de rocher volcanisé, mélangé des dépôts maritimes, fluviatiles, et du règne végétal et animal. Ce mélange de substances si différentes y produit diverses espèces de terres, toutes très-végétales, et propres aux diverses productions de ces régions chaudes et humides. Il s'en faut bien qu'on ait su tirer parti de la fécondité de ce sol, et qu'on le puisse même d'après les principes sur lesquels les Européens ont fondé leurs colonies.

CHAPITRE V.

Causes particulières qui concourent à la prospérité de la Martinique. Renseignemens de commerce et d'industrie pour les Européens qui passent dans cette colonie.

LE prétendu motif de la chaleur du climat empêche les blancs de travailler à la terre ! ce premier devoir de l'homme, cette base des mœurs, source des talens, des lumières, des richesses, est réservée aux esclaves noirs, ou races mêlées. Ainsi le plus fécond moyen de multiplier les blancs dans les colonies, de les y acclimater véritablement, et de conserver dans leurs mains toutes les richesses, leur est ôté ; il faut qu'ils se restreignent, concurremment avec les gens de couleur, aux arts usuels, au commerce en gros et en détail, aux fonctions d'habitans propriétaires, ou d'économes. On a déjà vu combien la concurrence avec les gens de couleur leur est désavantageuse dans les arts usuels; elle ne le leur est pas moins, par les mêmes raisons, dans les différentes branches de commerce en détail.

Depuis long-temps des nègres des deux sexes, esclaves et libres parcouraient l'intérieur de l'île, pour vendre en détail aux habitans, des pacotilles particulières (1), des restes de cargaisons de magasins. Ces espèces de marchands, connus sous le nom de *colporteurs*, capables de braver les chaleurs du climat, de faire des marches journalières à pied et chargés de fardeaux considérables, à travers l'île montagneuse et coupée de rochers et de précipices; vivant de peu, de maïs, de bananes, de cassave et de fruits du pays; habitués à être presque nus, se contentaient de peu de bénéfice, et le pouvaient en effet. Ils vendaient au comptant, et accordaient même quelques délais. Ainsi ils se rendaient de plus en plus utiles aux habitans cultivateurs, qui se procuraient par eux, et sans se déranger, les denrées nécessaires à

---

(1) On appelle *pacotilles*, des denrées chargées sur des navires au compte des particuliers, et qui ne font pas partie de la cargaison de l'armateur.

leurs besoins ou à leur fantaisie, et à bien meilleur compte qu'ils ne les obtenaient de leurs commissionnaires, dont l'avidité ne se contentait pas des droits de commission, mais ajoutait encore aux prix des factures. Cet état de choses tendait nécessairement à accélérer la prospérité de la colonie; car les habitans, qui n'auraient pas eu autant d'occasions de venir à la ville y dépenser au jeu et en frivolités; qui auraient suivi plus assidument les travaux de leurs habitations, et qui en même-temps auraient acheté des denrées à plus bas prix, auraient donc eu plus pour eux. Ce surplus aurait tourné en amélioration de leurs habitations, car chacun aime à améliorer la chose dont il s'occupe principalement; et on peut dire que c'est surtout la passion dominante des cultivateurs de tous les pays du monde. Plus de productions auraient augmenté les débouchés de la métropole; en même-temps aussi, les commissionnaires, ayant à lutter contre une telle concurrence, auraient été obligés de revenir plus religieusement au taux des factures, et peut-être même de baisser leurs droits de commission; ce qui aurait encore amené de nouveaux bénéfices pour les ha-

bitans-cultivateurs. Mais l'intrigue, toujours puissante quand la vérité ne peut élever la voix, détruisit cette source naissante de prospérité publique.

En 1772, les riches commissionnaires (1) parurent persuader au gouvernement que, pour l'intérêt de la colonie et celui de la métropole, il fallait interdire ce genre de colportage, etc. Le gouvernement l'interdit. On devine les puissantes considérations qui influencèrent ses agens. Ce qui est non moins remarquable, ce furent des écrivains qui prétendirent aussi prouver que ce genre de colportage était nuisible au commerce, en ce

---

(1) Tel commissionnaire fera à Saint-Pierre six à sept cent mille livres argent de la colonie, de revenu annuel, et tous frais faits des dépenses exorbitantes de sa maison, il perçoit cinq pour cent de commission sur les sucres, cafés, etc. Il a encore en sa faveur les déchets, les frais d'emmagasinage. Quant aux denrées européennes, d'intelligence avec quelque autre commissionnaire, il règle les taux de la place; et les habitans, toujours arriérés avec eux, qu'ils provoquent par ces crédits ouverts à augmenter leurs dépenses, n'osent pas faire de réclamations : il leur faut souvent recevoir ce dont ils ont peu de besoin, pour obtenir ce dont ils ne sauraient se passer.

que c'était un tiers entre le vendeur et l'acheteur, inutile et nuisible à l'un et à l'autre : idée née de l'ignorance, ou plus sûrement de la séduction.

Ce succès des commissionaires sur les colporteurs laissa dans le cœur des habitans-cultivateurs, un profond ressentiment; ils ne virent, dans leurs commissionnaires, que d'avides monopoleurs qui aspiraient à l'exclusion du commerce, pour les pressurer plus impitoyablement. Et en effet, depuis cette époque surtout, les commissionnaires sont, par leurs créances grossies, presque les seuls propriétaires des richesses de la colonie, et les habitans n'ont été, pour ainsi dire, que leurs gérans. Mais ceux-là ont failli payer chèrement leurs richesses usuraires. A l'époque de la révolution, un grand nombre d'habitans des plus endettés avaient, assure-t-on, formé l'épouvantable projet d'incendier la ville de Saint-Pierre, pour consumer par les flammes les titres de leurs énormes créances.

Il serait sans doute digne d'un observateur staticien de soumettre aux calculs les effets nuisibles d'une loi protectrice du monopole qui a pesé long-temps sur cette colonie. Ces

bitans-cultivateurs. Mais l'intrigue, toujours puissante quand la vérité ne peut élever la voix, détruisit cette source naissante de prospérité publique.

En 1772, les riches commissionnaires (1) parurent persuader au gouvernement que, pour l'intérêt de la colonie et celui de la métropole, il fallait interdire ce genre de colportage, etc. Le gouvernement l'interdit. On devine les puissantes considérations qui influencèrent ses agens. Ce qui est non moins remarquable, ce furent des écrivains qui prétendirent aussi prouver que ce genre de colportage était nuisible au commerce, en ce

---

(1) Tel commissionnaire fera à Saint-Pierre six à sept cent mille livres argent de la colonie, de revenu annuel, et tous frais faits des dépenses exorbitantes de sa maison, il perçoit cinq pour cent de commission sur les sucres, cafés, etc. Il a encore en sa faveur les déchets, les frais d'emmagasinage. Quant aux denrées européennes, d'intelligence avec quelque autre commissionnaire, il règle les taux de la place; et les habitans, toujours arriérés avec eux, qu'ils provoquent par ces crédits ouverts à augmenter leurs dépenses, n'osent pas faire de réclamations : il leur faut souvent recevoir ce dont ils ont peu de besoin, pour obtenir ce dont ils ne sauraient se passer.

que c'était un tiers entre le vendeur et l'acheteur, inutile et nuisible à l'un et à l'autre : idée née de l'ignorance, ou plus sûrement de la séduction.

Ce succès des commissionaires sur les colporteurs laissa dans le cœur des habitans-cultivateurs, un profond ressentiment; ils ne virent, dans leurs commissionnaires, que d'avides monopoleurs qui aspiraient à l'exclusion du commerce, pour les pressurer plus impitoyablement. Et en effet, depuis cette époque surtout, les commissionnaires sont, par leurs créances grossies, presque les seuls propriétaires des richesses de la colonie, et les habitans n'ont été, pour ainsi dire, que leurs gérans. Mais ceux-là ont failli payer chèrement leurs richesses usuraires. A l'époque de la révolution, un grand nombre d'habitans des plus endettés avaient, assure-t-on, formé l'épouvantable projet d'incendier la ville de Saint-Pierre, pour consumer par les flammes les titres de leurs énormes créances.

Il serait sans doute digne d'un observateur staticien de soumettre aux calculs les effets nuisibles d'une loi protectrice du monopole qui a pesé long-temps sur cette colonie. Ces

fortunes gigantesques des commissionnaires, qui n'ont pu se faire qu'aux dépens des propriétaires de la métropole, et surtout des cultivateurs des colonies, puisque ces commissionnaires ne sont que des intermédiaires qui ne produisent rien, le cultivateur, étant, dans la vérité, le seul producteur, ces fortunes sont donc, sous ce rapport, nuisibles à l'intérêt de l'état. Mais quels moyens coactifs à opposer à leurs progrès ? Le seul remède est dans la concurrence, et par conséquent, dans l'extension de la liberté du commerce.

Plus les agens de la circulation se multiplient, plus la concurrence et l'activité augmentent; c'est ce qui tourne toujours à l'avantage du producteur, dont les intérêts doivent marcher avant tout ; auquel les autres doivent toujours être subordonnés, parce qu'ils sont faits pour lui : il peut, à la rigueur, se passer d'eux, mais eux jamais ne sauraient se passer de lui (1).

―――

(1) On dira que les agens du commerce n'étant que des intermédiaires, leur trop grande multiplication devient plus à charge au commerce, et par conséquent nuisible aux producteurs. Je réponds que toujours la concurrence les oblige de restreindre leurs bénéfices,

Ce

Ce commerce de colportage, resté aux seuls blancs, ne saurait leur être aussi lucratif, par la différence des proportions de leurs avances, de leurs dépenses ; ne pouvant, comme les noirs, vivre si frugalement, porter leurs marchandises eux-mêmes, il leur faut des chevaux ou des mulets, et même des nègres pour les aider à charger et décharger sans cesse leurs bêtes de somme, à voyager à travers ces lieux âpres où les chaleurs excessives ralentissent continuellement leur course, les exposent à des maladies graves ; et le grand nombre des Européens nouvellement arrivés, qui se livrent à ce genre de commerce, y périt.

L'état de marchand domicilié est, pour les blancs, moins pénible, mais il est plus hasardeux. La cherté des loyers dans les villes et bourgs, à Saint-Pierre surtout ; la plus grande chèreté encore des vivres et de tout ce qui est

---

et par conséquent de se rendre moins onéreux au commerce ; et que, lorsque de trop petits bénéfices ne sauraient plus suffire à leurs besoins, il leur faut alors abandonner la profession commerçante pour se jeter dans celle des producteurs, qui ne saurait jamais être trop nombreuse.

nique des boisseaux de bijoux à peine le prix de l'or qu'ils contenaient; la main-d'œuvre et les ornemens étaient perdus. J'ai vu tomber le vin à dix et huit piastres le baril, qui, peu de temps auparavant, en valait quarante. Une marchandise est-elle négligée par les armateurs, le prix augmente rapidement; quelque navires en apportent-ils à-la-fois plus que les besoins de la colonie ne l'exigent, elle se vend aussitôt à perte. Il faut donc que le marchand détailliste soit en état de garder pour l'avenir ce qu'il ne peut vendre qu'à perte; ou s'il veut perdre pour se remplacer plus avantageusement d'une autre manière, il faut alors qu'il puisse supporter ce déficit.

Ainsi, ceux qui passent dans les colonies avec des pacotilles à leur compte, ont à craindre que les denrées dont ils ont fait choix ne soient dans ce cas de rabais; et comme ils sont pressés par leurs besoins, ils sont contraints de vendre à perte. C'est trop souvent ce qui arrive. Un des états de ce genre, que je présume le plus sûr et le moins hasardeux, est celui de chapelier, parce qu'il est tout à-la-fois fabricant et marchand; il achète des armateurs ces chapeaux non appareillés, et il les apprête. Cet article, d'un usage constant, devient d'autant plus lucratif pour le marchand, qu'il sait mieux, en les apprêtant, saisir le goût de ses acheteurs. Les faïences sont d'une consommation d'autant plus grande, que les nègres domestiques sont à cet égard encore bien moins attentifs que nos domestiques européens. Les porcelaines y sont d'un médiocre débit, principalement par leur cherté; on ne sait guère établir la différence d'un vase de porcelaine avec un vase de faïence : il en est de même des verreries, dont les plus communes sont confondues avec nos cristaux.

Les toiles, surtout celles qui conviennent au linge de corps, si elles sont fines, sont toujours d'une grande consommation, et par conséquent recherchées : leur prix baisse quelquefois, mais jamais considérablement ni long-temps. Le linge de corps est un des premiers besoins; on change sous ce climat plusieurs fois de chemise, dans la nuit et dans le jour. Ce vêtement est de parure aussi bien que de nécessité, et c'est dans les colonies; pour l'entretien, le plus grand objet de dépense. Les étoffes légères peuvent seules avoir, pour la parure des femmes, quelque débit. L'empire des modes bizarres fait quelquefois exception à cette règle, mais jamais généralement ni long-temps. Les femmes vivant retirées dans leurs habitations, et celles même de la ville, ne se parent pas habituellement; le climat s'y oppose : des bains, de la fraîcheur, du repos, voilà leur luxe.

La quincaillerie ne peut jamais être, dans les colonies, une branche lucrative; l'air corrosif de ces climats altère et ronge bien vite les fers et les plus beaux aciers. D'ailleurs, la simplicité des ameublemens des maisons, l'indifférence pour tout ce qui tient aux beaux-arts, n'y fait pas estimer ce que la ferrure pourrait produire de fini et d'agréable dans ses formes.

L'orfèvrie est d'autant plus limitée, que les gens de couleur qui s'y livrent la font imparfaite si l'on veut, mais on n'y regarde pas de si près, et à un prix tel que les blancs ne pourraient le faire. La bijouterie vient avec une telle profusion d'Europe, et d'ailleurs ne peut être encore, par le climat, d'un usage aussi diversifié que dans l'Ancien Monde.

Des jeunes gens dont l'écriture est belle, au fait de la tenue des livres, parviennent à se placer avantageusement dans les comptoirs des négocians; mais ces places sont rares et ne s'obtiennent guère que par les pressantes recommandations de leurs correspondans d'Europe.

Ce qu'il est plus facile d'obtenir pour ceux qui arrivent d'Europe, et ce qui ouvre une carrière plus sûre et plus avantageuse, c'est de se placer dans les habitations, pour parvenir à devenir économe ou gérant. On y jouit de toutes les commodités de la vie ; on n'a de dépense pour son compte, que celle d'un entretien beaucoup moins considérable que dans les villes. Des économes gagnent annuellement jusqu'à dix ou douze mille francs ; les gérans encore davantage. Avec une conduite soutenue, de l'assiduité dans la surveillance des travaux, de l'intelligence dans la manière de les diriger, un jeune homme ne manque guère de se marier avantageusement, ou du moins de devenir propriétaire. Les habitations se vendant toujours à crédit, le prix s'en payant sur les produits, le vendeur, qui est presque toujours lui-même débiteur, ne craint pas de traiter, de la manière dont il a traité lui-même, avec celui qui a donné des preuves de sa capacité et de sa conduite.

bitans-cultivateurs. Mais l'intrigue, toujours puissante quand la vérité ne peut élever la voix, détruisit cette source naissante de prospérité publique.

En 1772, les riches commissionnaires (1) parurent persuader au gouvernement que, pour l'intérêt de la colonie et celui de la métropole, il fallait interdire ce genre de colportage, etc. Le gouvernement l'interdit. On devine les puissantes considérations qui influencèrent ses agens. Ce qui est non moins remarquable, ce furent des écrivains qui prétendirent aussi prouver que ce genre de colportage était nuisible au commerce, en ce

___

(1) Tel commissionnaire fera à Saint-Pierre six à sept cent mille livres argent de la colonie, de revenu annuel, et tous frais faits des dépenses exorbitantes de sa maison, il perçoit cinq pour cent de commission sur les sucres, cafés, etc. Il a encore en sa faveur les déchets, les frais d'emmagasinage. Quant aux denrées européennes, d'intelligence avec quelque autre commissionnaire, il règle les taux de la place; et les habitans, toujours arriérés avec eux, qu'ils provoquent par ces crédits ouverts à augmenter leurs dépenses, n'osent pas faire de réclamations : il leur faut souvent recevoir ce dont ils ont peu de besoin, pour obtenir ce dont ils ne sauraient se passer.

que c'était un tiers entre le vendeur et l'acheteur, inutile et nuisible à l'un et à l'autre : idée née de l'ignorance, ou plus sûrement de la séduction.

Ce succès des commissionaires sur les colporteurs laissa dans le cœur des habitans-cultivateurs, un profond ressentiment; ils ne virent, dans leurs commissionnaires, que d'avides monopoleurs qui aspiraient à l'exclusion du commerce, pour les pressurer plus impitoyablement. Et en effet, depuis cette époque surtout, les commissionnaires sont, par leurs créances grossies, presque les seuls propriétaires des richesses de la colonie, et les habitans n'ont été, pour ainsi dire, que leurs gérans. Mais ceux-là ont failli payer chèrement leurs richesses usuraires. A l'époque de la révolution, un grand nombre d'habitans des plus endettés avaient, assure-t-on, formé l'épouvantable projet d'incendier la ville de Saint-Pierre, pour consumer par les flammes les titres de leurs énormes créances.

Il serait sans doute digne d'un observateur staticien de soumettre aux calculs les effets nuisibles d'une loi protectrice du monopole qui a pesé long-temps sur cette colonie. Ces

fortunes gigantesques des commissionnaires, qui n'ont pu se faire qu'aux dépens des propriétaires de la métropole, et surtout des cultivateurs des colonies, puisque ces commissionnaires ne sont que des intermédiaires qui ne produisent rien, le cultivateur, étant, dans la vérité, le seul producteur, ces fortunes sont donc, sous ce rapport, nuisibles à l'intérêt de l'état. Mais quels moyens coactifs à opposer à leurs progrès? Le seul remède est dans la concurrence, et par conséquent, dans l'extension de la liberté du commerce.

Plus les agens de la circulation se multiplient, plus la concurrence et l'activité augmentent; c'est ce qui tourne toujours à l'avantage du producteur, dont les intérêts doivent marcher avant tout; auquel les autres doivent toujours être subordonnés, parce qu'ils sont faits pour lui: il peut, à la rigueur, se passer d'eux, mais eux jamais ne sauraient se passer de lui (1).

---

(1) On dira que les agens du commerce n'étant que des intermédiaires, leur trop grande multiplication devient plus à charge au commerce, et par conséquent nuisible aux producteurs. Je réponds que toujours la concurrence les oblige de restreindre leurs bénéfices,

Ce

Ce commerce de colportage, resté aux seuls blancs, ne saurait leur être aussi lucratif, par la différence des proportions de leurs avances, de leurs dépenses; ne pouvant, comme les noirs, vivre si frugalement, porter leurs marchandises eux-mêmes; il leur faut des chevaux ou des mulets, et même des nègres pour les aider à charger et décharger sans cesse leurs bêtes de somme, à voyager à travers ces lieux âpres où les chaleurs excessives ralentissent continuellement leur course, les exposent à des maladies graves; et le grand nombre des Européens nouvellement arrivés, qui se livrent à ce genre de commerce, y périt.

L'état de marchand domicilié est, pour les blancs, moins pénible, mais il est plus hasardeux. La cherté des loyers dans les villes et bourgs, à Saint-Pierre surtout; la plus grande chèreté encore des vivres et de tout ce qui est

---

et par conséquent de se rendre moins onéreux au commerce; et que, lorsque de trop petits bénéfices ne sauraient plus suffire à leurs besoins, il leur faut alors abandonner la profession commerçante pour se jeter dans celle des producteurs, qui ne saurait jamais être trop nombreuse.

nies. Je voyais fréquemment à Saint-Pierre une quarantaine d'esclaves porter d'un air morne, sur leurs têtes, de petits paniers de fumier, qu'ils venaient prendre au bord de la mer, pour se rendre à une habitation voisine. Quelle différence, me disais-je, de charge et de pas, d'avec nos Bourguignons grimpant leurs roides coteaux, courbés sous le poids de leurs hottes remplies d'une terre humide et compacte! et d'avec nos robustes paysannes égayant encore leur course penible par des chants villageois! sept à huit sols paient la journée vigilante de celles-ci, et quatre à cinq fois autant ne paieraient pas la lente esclave, qui ne presse un peu ses pas que sous la douleur du fouet. Ces esclaves ne font donc pas produire à l'agriculture autant que nos paysans libres; de-là, les denrées, fruits de leur travail, sont nécessairement plus chères. Il faut donc aussi que l'Européen les paie plus que si elles venaient de mains-libres.

Cette excessive cherté de main-d'œuvre fait qu'on néglige les détails de l'économie agricole, d'où se compose particulièrement la richesse des états. Les terres, moins soignées, n'y produisent point, indépendamment des récoltes principales, cette grande abondance de fruits, de légumes et d'animaux si nécessaires au besoin de la vie; et il n'est pas une seule habitation dans les colonies, qui, sous leurs climats féconds, nourrissent autant d'hommes et d'animaux utiles qu'ils pourraient le faire. On n'y connaît point surtout ces travaux préparatoires qui préviennent, et l'épuisement des sols, et les fléaux inévitables sur les plantes, que l'ignorance ou la paresse s'obstine à faire renaître sur les mêmes terres. Les maladies étonnantes dont j'ai parlé, qui, dans trois jours, font jaunir et périr des récoltes entières d'indigo, communes dans toutes les colonies, aussi bien qu'à la Lousiane, n'ont pas d'autres causes. La multiplication effrayante des chenilles, qui, dans deux fois vingt-quatre heures, dévorent des centaines d'arpens de coton, et se propagent subitement sur des contrées entières, sont encore dues à la trop grande continuité des mêmes productions sur le même sol. Les fourmis, qui font languir et jaunir ces champs de vieilles cannes, qui étendent leurs ravages au loin, poursuivent le colon jusque sous son toit, y dévorent jusqu'à ses enfans; ces fourmis ne se propagent ainsi que sur les lieux où la terre depuis trop long-temps n'a pas été remuée, où les plantes épuisées et malades les excitent à s'en nourrir, comme les viandes corrompues appellent les vers.

Les vergers de cacao, qu'on a vu, à la Martinique, se détruire subitement, et pareillement dans diverses autres îles, et aussi dans le continent, sur les bords de l'Orénoque, où le jésuite espagnol Guimilla, prêchait que c'était en punition de ne pas payer la dîme ; ces destructions subites du cacaotier venaient aussi de ce que la terre, épuisée par le fruit huileux et substantiel de cet arbre, ne pouvait continuer à l'alimenter.

Les Européens trouvèrent dans les colonies de l'Amérique l'arbre connu sous le nom de *rocou, bixa orellana, rocou teignant*, et nommé par les Espagnols, *achiote*, dont on tire de dessus la pellicule une teinture rouge foncé, employée dans les arts pour le petit teint. Cet arbre, d'une grandeur moyenne, poussant de son pied plusieurs tiges droites, rameuses, couvertes d'une écorce mince, unie, brune, portant des feuilles alternes, grandes, éparses, cordiformes, pointues, lisses, pétiolées, ayant en dessous plusieurs nervures roussâtres, imitant celles du tilleul, mais plus allongées ; cet arbre, dis-je, est rangé par les botanistes dans l'ordre des tilliacées.

Les sauvages de l'Amérique, des îles, aussi bien que ceux du continent, faisaient déjà usage de la teinture du rocou, mêlée avec l'huile de carapat, ou *palma Christi* : ils s'en frottent le corps ; c'est la parure qu'ils recherchent le plus ; en leur couvrant la peau, elle empêche que le soleil et les vents ne la gercent, et surtout les garantit des incommodes piqûres des moustiques, dont ils sont obsédés dans leurs chasses et dans leurs cabanes peu aérées. Ils se servaient aussi et se servent encore de son écorce lisse et flexible pour en faire des cordes, de ses bourgeons pour assaisonner leurs mets. Plusieurs d'eux donnent quelques soins à cet arbre si utile ; ils en ombragent le devant de leurs cabanes, le contour de leurs jardins ou plantations. Cet arbre, comme presque toutes les autres plantes, produit annuellement deux récoltes. L'usage dans les arts de cette teinture rouge, qui sert aussi à teindre en bleu, jaune-vert, et en diverses autres couleurs, a excité les premiers colons à en faire un des principaux objets de leur culture.

C'est par la macération dans l'eau qu'ils

recueillent sa substance rouge et colorante.

Les colons se livrèrent en même temps à la culture de l'indigo, encore plus lucrative, mais plus pénible, et, comme on l'a vu, plus hasardeuse. L'indigotier est de la famille des papillonacées. L'espèce nommée indigotier franc est un arbuste d'un peu plus de deux pieds, dont la tige est droite, rameuse, blanchâtre; les feuilles sont ailées, à neuf ou onze folioles ovales d'un vert plus pâle en-dessous. Ses fleurs axillaires, en grappes courtes, sont rougeâtres. Le calice est ouvert et a cinq dents; les gousses sont oblongues, linéaires, presque cylindriques, arquées et polyspermes.

L'espèce nommée indigotier bâtard, qui paraît être la même que l'indigotier marron ou l'indigotier de Guatimal, n'a pas ses gousses arquées, et s'élève à six ou sept pieds.

L'indigo, cette teinture précieuse par sa beauté et sa solidité, qui sert de base à un grand nombre de couleurs, est une fécule qui se trouve disséminée dans de petits réservoirs sur toute la plante, mais plus dans ses feuilles. On parvient à l'extraire en faisant macérer et fermenter dans de grandes cuves toute la plante, que l'on coupe avant qu'elle soit en maturité. On emploie ordinairement

à

à cet effet trois cuves de forme carrée, placées comme en gradins, de manière que la liqueur de la plus haute puisse tomber dans la seconde, et celle de la seconde dans la troisième. Ces trois cuves sont successivement plus petites; la première, nommée le *trempoir*, est destinée à mettre tremper la plante dans l'eau où elle s'échauffe, fermente et pourrit. Dans cet état de fermentation et de dissolution l'eau se charge de la fécule bleue que contenait la plante. A l'aide de robinets, on fait tomber cette eau dans la seconde cuve, nommée *la batterie*, où on la bat effectivement avec des seaux, percés, attachés à un balancier, jusqu'à ce que les particules bleues se rapprochant s'agglomèrent en grains et se précipitent au fond de la cuve. Pour accélérer cette opération, on se sert, à la Louisiane de substances mucilagineuses, et l'on y emploie particulièrement une malvacée de l'espèce des sidas dont la tige se forme en jolis arbustes. Cette opération est dans la fabrique de l'indigo, des plus importantes. Si le fabricant ne la prolonge pas assez, toutes les particules de l'indigo, qui ne sont pas encore agglomérées restent suspendues dans l'eau, sont par conséquent perdues ; et si on la prolonge trop, l'indigo se dissout de nouveau, et ce qui est en dissolution est alors aussi perdu. On reconnaît que l'opération est à son vrai degré de perfection, quand, en prenant dans une tasse d'argent de cette eau, on voit la fécule se précipiter au fond.

Alors on cesse de battre ; l'eau tranquille laisse la fécule se précipiter au fond de la cuve, où elle forme une matière épaisse et boueuse. Dans cet état, on tire d'abord l'eau par des robinets supérieurs, puis par les robinets inférieurs ; on fait tomber toute la fécule dans la troisième cuve, appelée le *reposoir* ou le *diablotin*. Là on laisse encore l'indigo se rasseoir ; ensuite on le met dans des sachets de toile d'environ dix-huit pouces, ou on le pend à l'ombre pour qu'il achève de s'égoutter. Ensuite on l'étend, dans des caissons de trois à quatre pieds de long sur deux pieds de large, et d'environ trois pouces de profondeur : c'est dans cet état que l'indigo passe dans le commerce.

S'il est mal fabriqué ou falsifié, il est noirâtre, terré, pesant. Lorsque la plante est trop battue dans le trempoir, les feuilles et l'écorce se décomposent, se mêlent et se lient avec l'indigo, et ajoutent ainsi à son poids. La mauvaise foi a fait imaginer d'y mêler de l'ardoise pilée, des cendres et de la terre. Avec de l'attention, on découvre aisément ces fraudes, surtout en le cassant.

On reconnaît qu'il n'est point mélangé, qu'il est d'une bonne qualité, lorsqu'il surnage sur l'eau, lorsque sa couleur est bleu foncé tirant sur le violet brillant. Au lieu d'être terne, en le cassant, il paraît intérieurement d'un brillant plus vif, il semble minéralisé.

Si on le met dans l'eau, il se dissout entièrement, il ne fait point de dépôt. En le faisant brûler, il se consume aussi tout-à-fait sans laisser de résidu, ce qui n'arrive pas à celui qui est mélangé. Le père Labat, qui dans son voyage, est entré à ce sujet dans de grands détails, où l'Encyclopedie et divers autres ouvrages ont puisé, dit que, de son temps, en 1694, l'indigo se vendait aux îles trois livres dix sols à quatre francs la livre, et qu'il l'avait vu encore à meilleur marché: il ajoute que, quand même il ne se vendrait que quarante sols, il y aurait encore pour l'habitant un profit très-considérable, attendu que ce genre de fabrique exige beaucoup moins d'attirail et de dépenses qu'une sucrerie; et lorsque je suis parti de la Louisiane, en 1806, il valait dix francs la livre.

CHAPITRE VII.

Du Tabac. Histoire de sa Culture et de ses Succès. Causes qui l'ont rendu si universellement usuel. De son Influence pour nos Colonies, pour notre Commerce, notre Marine. Malheurs incalculables d'en avoir établi et laissé pendant un siècle la Vente exclusive.

LE tabac est la production qui a le plus contribué à multiplier les établissemens des colonies et à les faire prospérer. Le tabac, mis en ferme sous le règne de Louis XIV, et par conséquent cessant alors d'être commercial, a privé nos colonies de ses principaux moyens de richesses et de population : de-là notre marine s'est affaiblie et est tombée ; nos manufactures ont perdu leurs plus grands moyens de débouchés ; nous sommes devenus, à l'égard du tabac, tributaires des étrangers, tandis qu'ils l'auraient été de nous ; et enfin nos colonies ont plusieurs fois été envahies par l'ennemi, ce qui n'aurait pas été; et Saint-Domingue, la superbe Saint-Domingue, serait maintenant populeuse, riche, puissante, seule suffirait aux besoins de la France pour les denrées coloniales et pour les échanges, et ne serait pas aujourd'hui un affreux désert couvert de ruines et teint de toutes parts du sang de ses colons.

Que de douloureuses réflexions sur les maux qu'a faits à la France cet édit fiscal qui, pendant cent ans, a rendu le tabac un objet purement financier! Ah! Louis XIV, que n'as-tu écouté la voix du petit nombre d'hommes de bien qui ont osé dire la vérité! tes victoires, tes arts ont-ils balancé tant de maux? J'entre dans ces grands détails; puis-je trop m'étendre sur la cause qui a ouvert cette fatale boîte de Pandore, et sur les moyens de la refermer pour jamais?

Le tabac est parmi les solanées une des plantes ammoniacales, âcres, caustiques, narcotiques, vénéneuses que produit cette famille redoutable par ses poisons si divers. Cependant les différentes préparations que l'homme a su donner au tabac, les divers usages auxquels il l'emploie, en ont fait pour lui un objet d'utilité et d'agrément. Il n'est donc rien dans la nature d'absolument mauvais pour l'homme ; il n'y a donc aucune production qui ne soit digne de son admiration ; je ne dis pas assez : de sa reconnaissance ! Connu seulement depuis la découverte de l'Amérique, le tabac paraît être venu de Tabaco, province du Mexique. Il passa d'Espagne en Portugal, d'où l'ambassadeur de France à cette cour, nommé *Nicot*, l'apporta en France, en 1560. La plante du tabac prit son nom latin de cet ambassadeur; on ne la désigne pas autrement en cette langue, que *nicotiana*. Le père Labat dit qu'elle fut une pomme de discorde qui alluma une guerre très-vive entre les savans, où les ignorans, les femmes, prirent une part non moins active. Les médecins surtout se distinguèrent dans cette querelle ; ils se divisèrent sur sa nature, ses vertus et ses propriétés, sur la manière d'en faire usage : s'appuyant, les uns d'Hippocrate, les autres de Galien ; les uns le faisaient froid, les autres chaud, ceux-ci le tempéraient par des drogues réfrigérantes; les autres corrigeaient sa froideur avec des aromates ; tous avaient des recettes particulières pour le combiner, le préparer et en prescrire l'usage selon l'âge, les forces et le tempérament. Tel le devait prendre à jeun ; un autre ne devait s'en servir qu'après avoir mangé ; celui-ci ne devait en user que le soir, cet autre dans le jour.

Dans ces multitudes de préparations, il opérait les cures les plus merveilleuses, où la charlatanerie, aidée de l'imagination exaltée des malades, avait comme on juge la principale part, et on se taisait sur les victimes qu'il faisait.

L'enthousiasme alla si loin, qu'on fut sur le point d'abandonner tous les autres médicamens, pour ne plus se servir que du tabac. Ainsi nous avons vu, de nos jours, des sels, des poudres, des pilules prendre tour-à-tour faveur, puis être laissés pour le mesmérisme, et ensuite le galvanisme. Les hommes se ressemblent donc toujours dans leurs faiblesses et dans leurs erreurs ! Ne nous lassons cependant pas de les leur rappeler ; si on ne saurait prévenir tout le mal, du moins on le diminue.

La chimie s'en empara avec empressement. On en tira, dit Pomet (1), par le moyen de

---

(1) Histoire générale des drogues, première partie, cap. xv, pag. 160, imprimé en 1694.

la distillation et du phlegme de vitriol, une liqueur qui est fort vomitive et propre pour guérir les dartres et la gale, en s'en frottant légèrement. Mis dans une cornue, on en retire une huile noire et puante qui a à-peu-près les mêmes qualités. On tire aussi du tabac un sel qui est fort sudorifique, pris depuis quatre grains jusqu'à dix dans une liqueur convenable.

Pris en poudre, il guérissait les rhumatismes, les fluxions sur les yeux, les maux de tête ; il corrigeait l'âcreté des humeurs, rendait au sang sa fluidité, rétablissait sa circulation, était un infaillible sternutatoire pour rappeler à la vie ceux qui étaient frappés d'apoplexie ou tombés en léthargie. Il était également efficace pour les femmes dans les douleurs de l'enfantement, contre les vapeurs, la mélancolie, les passions hystériques : il chassait le mauvais air et était le meilleur préservatif contre toutes les maladies contagieuses, et même la peste : il fortifiait la mémoire, fécondait l'imagination, rendait les savans plus dispos à se livrer aux études les plus abstraites.

Le tabac mâché opérait bien d'autres merveilles. Il ôtait le sentiment de la soif et de la faim, il empêchait la diminution des forces, conservait la santé, entretenait l'embonpoint. On prétendait que, d'après des expériences, une demi-once avait suffi pour soutenir des soldats pendant vingt-quatre heures sans rien prendre, en suivant ce régime pendant des semaines entières. En outre, il purgeait la bile, guérissait les maux de dents, etc. Sa simple vapeur opérait des effets aussi admirables contre les fièvres, les rhumatismes, l'hydropisie, etc.

Avec tant de propriétés, sa réputation s'étendit rapidement chez tous les peuples connus, civilisés, barbares, sauvages. Son usage s'établit en Allemagne, en Hongrie, en Pologne, dans tout le nord jusqu'en Moscovie, parmi les Tartares, en Turquie, en Grèce, en Afrique. Il fallut que les souverains arrêtassent par des réglemens sévères cet épidémique enthousiasme.

Le Czar en défendit l'entrée dans ses états, sous peine du fouet, d'avoir la seconde fois le nez coupé, et la troisième d'être condamné à mort.

L'empereur des Turcs et celui des Perses ordonnèrent aussi la peine de mort.

Le pontife des Chrétiens, le pape Urbain VIII, d'accord en cela avec les vrais Croyans, prononça par une bulle l'excommunication, *ipso facto*, contre tous ceux qui prendraient du tabac dans les églises. Clément XI en restreignit dans la suite la défense à l'église de Saint-Pierre de Rome.

Les princes chrétiens, plus tolérans, mais plus attentifs à grossir leurs fiscs, se contentèrent de soumettre l'entrée de cette denrée à des droits exorbitans, qu'ils accrurent à mesure que l'habitude en fit un besoin plus impératif.

Les nations qui constamment, depuis cette époque, ont conservé et étendu l'usage du tabac, sont-elles proportionnément plus pauvres que celles qui l'ont interdit? La pauvreté paresseuse est toujours pauvre, avec la plus parcimonieuse économie : le travail n'augmente nos besoins de dépenses qu'en agrandissant nos moyens d'y satisfaire; il attache en même temps les hommes aux hommes, les nations aux nations : où il y a plus de multiplicité de travail, il y a plus de multiplicité de liens sociaux. Ainsi, dans un état, la diminution des mains travaillantes serait la diminution des liens de sociabilité.

On se demande quelle cause a pu propager le tabac si subitement, aussi bien parmi les nations ignorantes que parmi les policées ; aussi vîte parmi celles qui ne lisent pas de livres, qui ne connaissent pas de journaux, que parmi celles qui en font leur principal moyen de communication ; et comment, depuis deux siècles et demi, la passion du tabac s'est fortifiée à le prendre et en poudre et en fumée, et à le mâcher. Ce tabac cependant n'offre rien que de dégoûtant, de repoussant à la vue, à l'odorat, et au goût principalement. Voici, ce me semble, ce qu'on peut répondre : l'homme, dans tous les pays, celui surtout qui est le plus rapproché de la nature se nourrit généralement d'alimens doux, comme de farineux, de viande et de poissons rôtis ou grillés. Ces alimens uniformes produisent en lui un relâchement et une détonation qui dérangent son économie animale, nuisent aux secrétions, opèrent des engorgemens, lui font éprouver un mal-aise continuel, le jéttent dans l'abattement et l'affaissement, source de cette mélancolie, de cette indolence, de cette passion pour l'inaction, qu'on retrouve dans tous les pays et sous tous les climats où les hommes vivent ainsi d'alimens doux (1), s'abreuvent d'eaux d'autant plus relâchantes, qu'elles sont plus fluviatiles.

L'homme, quoi qu'en disent des moralistes, n'est point né pour cette uniformité d'alimens : étant tout-à-la-fois herbivore, fructivore, carnivore, il est, par la nature, appelé à

---

(1) La pituite, dit le chevalier de Jaucourt, article *Encyclopédie*, est produite : 1.° par des alimens muqueux, glutineux, farineux, qui n'ont point été assez divisés, par le défaut de soporacité dans les humeurs, et la faiblesse des fonctions vitales; 2.° par la mucosité des premières voies ; 3.° par celles qui sont gélatineuses, mucilagineuses, albumineuses, et par la graisse elle-même dont le caractère a dégénéré par le défaut d'exercice du corps, etc..... Retenue trop long-temps, elle est acrimonieuse, devient catarrheuse, et ensuite acquiert une concrescibilité vitreuse, gypseuse, et devient écrouelleuse... Elle diminue la circulation, engendre des tumeurs, produit la lassitude, le ralentissement du pouls, la laxité, la faiblesse, etc.

« Il faut contre elle faire usage d'alimens fermentés et assaisonnés ; habiter des lieux secs, exposés au soleil, élevés et sablonneux ; exercer son corps par de fréquentes promenades à pied, à cheval, en voitures rudes, et se faire des frictions. Il convient de faire usage de remèdes échauffans, aromatiques, stimulans, excitans, résineux, soporacés, alkalins, fixes et volatils ».

mettre plus de variété dans ses alimens qu'aucune autre espèce d'animal. Et la nature, cette mère commune, ne prescrit-elle pas cette variété d'alimens aux herbivores mêmes, qui paraissent devoir se nourrir plus uniformément ? N'a-t-elle pas répandu sur la surface des prairies, au milieu des nombreuses espèces de graminées sucrées, les chicorées amères, les crucifères, les renouées, les patiences, les labiées acidulées, astringentes, stimulantes, détersives ou aromatisées ? N'a-t-elle pas surtout placé près des eaux les cochléaria, les cressons âcres et antiputrides, et ces nombreuses espèces de persicaires, de renonculacées, encore plus âcres et plus éminemment détersives ? L'herbivore, par un instinct que lui suggère la nature, en donnant la préférence aux plantes douces et sucrées, ne pâture-t-il pas aussi, mais avec réserve, celles-là, et ne corrige-t-il pas, par de sages mélanges, leurs mauvais effets respectifs ? Ainsi l'homme qui se nourrit trop uniformément d'alimens adoucissans est excité par ses appétits à desirer des stimulans : de-là cette propension universelle pour le sel, le piment, les herbes acides, les fruits acerbes, les vinaigres, les liqueurs fermentées et spiritueuses; propension d'autant plus forte dans les hommes, qu'ils sont plus privés de ces stimulans.

Parmi nous, les gens de campagne, vivant ordinairement de végétaux douceâtres, ayant pour boisson journalière l'eau, salent davantage leurs alimens, les assaisonnent plus fortement de vinaigre, préfèrent les vins rudes chargés d'acides; tandis que ceux de nos villes, les plus aisés, qui font usage régulièrement du vin; qui, par des mélanges, rendent leurs alimens plus actifs, préfèrent des vins plus moëlleux, des mets moins piquans, et ne se livrent pas autant aux excès de l'intempérance. De même, les paysans du nord, qui ne relèvent pas leur pain par la fermentation, qui font plus rarement usage de boissons fermentées, qui, en un mot, sont plus rapprochés de la vie sauvage, éprouvent une propension plus forte pour les stimulans, et sont aussi plus portés aux excès de l'intempérance.

Les sauvages, plus que tous ces hommes, vivant de viandes et de racines presque toujours sans apprêts, buvant constamment de l'eau, respirant sous leurs épaisses forêts un air plus épais, plus humide, ainsi plus relâchant, doivent donc, dis-je, plus que toutes ces autres espèces d'hommes, sentir plus vivement ce besoin qui les porte aux stimulans; aussi éprouvent-ils pour eux une extrême passion. Et qui ne connaît pas les malheureux excès où les précipitent surtout les liqueurs spiritueuses?

La plante de tabac, qui, par sa forte âcreté, agit si puissamment sur le genre nerveux, comprime et débarrasse les glandes engorgées, accélère le mouvement des esprits, rend les sensations plus vives, l'imagination plus active, augmente le besoin de se communiquer à ses semblables; la plante du tabac, qui fait passer subitement le sauvage de l'Amérique, de cet état d'affaissement à celui où tout s'anime, où la seule vapeur produit en lui un heureux délire; cette plante, qui naît sous ses pas, qu'il retrouve fréquemment dans ses courses, doit donc lui devenir d'un usage fréquent, et lui être chère: aussi est-elle pour lui l'emblême de l'union, de la paix, de l'amitié. C'est par le calumet que l'étranger est admis à fumer, qu'il reçoit le premier gage de l'hospitalité, et même de l'adoption : c'est par le calumet que les guerriers se promettent secours pour aller attaquer l'ennemi commun :

mun : c'est par lui que commencent, dans les conseils, les délibérations les plus importantes ; qu'on décide de la paix ou de la guerre : c'est par lui qu'on prélude pour entreprenrde des chasses, exécuter de grands voyages : c'est lui qui préside aux fêtes, aux danses, aux banquets : et enfin, le sauvage dans l'affliction, errant seul dans ses solitaires forêts, a recours à son calumet.

Tant de prérogatives attachées au tabac, parmi les nations de l'Amérique, frappèrent les Européens, qui, pour plaire à leurs hôtes, en firent d'abord usage. Mais dès que les marins eurent éprouvé ses propriétés, d'animer et de réjouir les esprits, de les faire sortir de cette stupeur où la vie inactive les amène ordinairement ; dès qu'ils eurent senti que par ces émotions salutaires, ils devenaient plus gais et plus dispos pour leurs occupations, et surtout qu'ils prévenaient le scorbut, et ces dangereuses maladies nées d'engorgemens et d'humeurs trop stagnantes, alors ils le recherchèrent par inclination et par régime ; il leur devint nécessaire. Leur exemple répandu dans les ports de l'Europe, eut promptement de nombreux imitateurs parmi la classe du peuple,

H

qui, comme je l'ai montré, était plus disposée à éprouver ses vivifians effets. Il se répandit aussi dans les classes supérieures, où l'abondance des alimens, la vie trop sédentaire, épaississant les humeurs, produisent ces pituites et ces embarras nuisibles à la liberté de l'esprit, ainsi qu'à l'économie animale.

Les effets prompts et salutaires du tabac sur les personnes sédentaires, et particulièrement sur les hommes de cabinet, qui, le firent valoir avec enthousiasme et beaucoup au-delà de ce qu'il est véritablement, dans leurs écrits et par l'importance de leur place, amenèrent aussi, pour le tabac, cet enthousiasme des uns, par conséquent cette inimitié des autres, dont j'ai esquissé le tableau.

Il devint d'autant plus nécessaire aux hommes méditatifs et studieux, que le café, qui agit sur les esprits d'une manière bien plus surprenante, bien plus lucide et bien plus agréable, n'était pas encore connu.

Le tabac a résisté à l'empire de l'inconstante mode, parce qu'il donne à l'homme des habitudes qu'il ne saurait quitter sans danger, comprimant et dégorgeant les glandes pituitaires, maxillaires, etc. Il établit ainsi un écoulement journalier; il fait les fonctions de cautères, qui, fermés subitement, opéreraient des engorgemens et des épanchemens d'humeurs, toujours funestes à ceux qui osent les quitter sans précaution.

On peut donc regarder le tabac, dans l'ordre social, comme un des objets de première nécessité, contribuant à la santé d'un grand nombre, aidant à beaucoup d'entre eux à mieux remplir les fonctions de leur état. Sa prohibition, ou des droits excessifs sur lui seraient donc funestes à l'état ainsi qu'aux particuliers; et la sagesse d'un gouvernement aussi soigneux du bien-être des individus, que des avantages pécuniaires, doit, sous ce double rapport, s'occuper des moyens de l'obtenir aux conditions les moins dispendieuses. Il n'en est pas de meilleure, que de favoriser les colonies où il peut croître, et d'en encourager la culture. La consommation universelle en assure d'ailleurs le débit à l'extérieur.

L'édit fiscal de Louis XIV, qui le mit en ferme exclusive, arrêta, ainsi que je l'ai observé, les progrès de cette culture importante; et depuis ce temps on n'a pas cessé de le tirer du dehors, principalement de la

Virginie. Ce n'est sûrement pas assez dire que d'avancer que cet édit fiscal a coûté à la France au moins deux milliards (1).

---

(1) « Les achats de tabac, dit M. Necker (*de l'admi-*
» *nistration des finances*, tom. 2, pag. 106), pendant
» le cours de la dernière paix, se sont montés à environ
» six millions par année; mais ces achats représentent
» seulement les approvisionnemens de la ferme-géné-
» rale; il faut y joindre encore ceux des provinces
» affranchies du privilége exclusif (*qui étaient la*
» *Flandre, l'Artois, le Hainaut, le Cambresis, l'Al-*
» *sace, la Franche-Comté et le pays de Gex, le terri-*
» *toire de Bayonne, et quelques lieux particuliers de la*
» *généralité de Metz,* et les versemens furtifs des con-
» trebandiers ».) Ce qui, selon cet administrateur, doit
élever annuellement le prix des tabacs importés environ à *dix millions.* Voy. p. 137, tom. idem.

Ce fut en 1674 que la vente du tabac devint exclusive. Il faut la considérer à-peu-près de même dans ses effets, jusqu'à ce jour 1807, puisque, par suite de cette exclusion, nous continuons d'être obligés de nous approvisionner de tabacs chez l'étranger. Il y a donc cent trente-deux ans que durent ces achats. Ainsi, d'après le calcul de M. Necker, la France en aurait acheté, jusqu'à ce jour, pour un milliard trois cent vingt millions de livres tournois. On dira, les prix des tabacs n'étaient pas aussi élevés dans les premiers temps, qu'ils l'ont été sous l'administration de M. Necker. Cela est vrai, mais l'argent n'est que représentatif des den-

Qui osera calculer ce que ces deux milliards dispersés dans l'intérieur de la France auraient produit ? Combien de fabriques se

---

rées. Si, par exemple, aujourd'hui je n'ai, pour cent sols, pas plus de pain, de viande, que je n'en a rais autrefois pour vingt sols, il s'ensuit que je ne suis pas plus riche aujourd'hui avec cent sols, que je l'étais autrefois avec vingt sols, et que ces vingt sols d'alors étaient pour moi comme les cent sols d'aujourd'hui; qu'en les perdant, ma fortune serait aujourd'hui diminuée de la valeur de cent sols. Ainsi, quelle que ait été la modicité des prix du tabac, dès qu'ils étaient en proportion avec les autres denrées, ils représentent donc la même somme qu'au temps de M. Necker, celle de dix millions : car la quantité des consommations a été à-peu-près la même; le peuple alors en faisait usage universellement, comme aujourd'hui. Mais indépendamment de cette somme d'un milliard trois cent vingt millions qu'ont coûté à la France les achats de tabacs, il faut encore compter ce qu'ont coûté ces armées de gardes de contrebande, qui, au lieu de travailler à des choses productives, n'étaient occupés qu'à empêcher les contrebandes; il faut compter les commis de bureaux, et encore les traitans et leurs valets, qui, tous, par une suite de la ferme du tabac, vivaient dans l'inutilité, et coûtaient beaucoup. Ce serait certainement être très-modéré, que d'élever cette masse de dépenses à deux milliards.

raient soutenues ! combien de familles alimentées par elles se seraient multipliées, et quelles autres richesses les consommations de ces mêmes familles auraient fait naître ! mais ce n'est encore rien. C'est le changement déplorable qui en est résulté dans le système de nos colonies, dont il est impossible de calculer les pertes immenses. Ici ce n'est pas moi qui vais parler, c'est un auteur presque contemporain. C'est un dominicain, c'est un enfant soumis de ceux qui ont fondé la redoutable inquisition ; c'est un protecteur aveugle de tout ce que font les puissans de la terre ; c'est un moine crédule, superstitieux, qui fait donner à un nègre trois cents coups de fouet pour être sorcier. Ce dominicain est le père Labat. Voici ses paroles (1) :

« Si on veut se remettre à la culture du tabac, et lui redonner la réputation qu'il avait autrefois, il faut le cultiver dans des terrains neufs, qui sont encore en très-grande quantité dans nos îles, sans compter ce que nous possédons en terre ferme,

---

(1) *Nouveau Voyage aux îles de l'Amérique*, etc., par le R. P. Labat de l'ordre des Frères-Prêcheurs, tom. 6, pag. 328.

et défendre absolument le tabac de rejeton; et pour cela ordonner que les plantes seront arrachées, au lieu d'être coupées à deux pouces de terre, comme on fait jusqu'à présent. Pour lors, on aura du tabac qui ira de pair avec celui du Brésil et de la Nouvelle-Espagne, et qui surpassera de beaucoup celui de la Virginie et de la Nouvelle-Angleterre; et on rétablira un commerce qui fera la richesse de la France et de nos colonies d'Amérique.

« Il est constant que nos terres de Cayenne et de Saint-Domingue sont aussi bonnes et aussi propres pour le tabac que les meilleures que l'on connaisse dans les deux Amériques; et nous avons encore des terrains tout neufs et très-considérables dans les îles de la Guadeloupe, de la Grande-Terre de la même île, dans celles de la Désirade, Marie-Galande, la Grenade, Saint-Martin, Saint-Barthélemi, Sainte-Croix, et dans quelques quartiers de la Martinique, aussi propres qu'on en puisse souhaiter pour la culture du tabac, qui sont à présent incultes, *et qui demeureront bien des siècles sans habitans, si on ne remet pas sur pied cette marchandise; car il ne faut pas s'ima-*

giner qu'on puisse les mettre en valeur autrement que par la culture du tabac. Tout le monde n'est pas en état de commencer un établissement par la construction d'une sucrerie. On peut voir par ce que j'ai dit du sucre, qu'il en coûte infiniment pour de pareils établissemens, et que, quand il se trouverait des gens assez riches pour fournir à cette dépense, il faudrait toujours un nombre considérable d'années pour dégraisser le terrain qu'ils auraient défriché, et le rendre propre à produire des cannes, dont on peut tirer de bon sucre, et surtout du sucre blanc.

« *C'est donc à la culture du tabac qu'il faut penser sur toutes choses, et se souvenir que c'est à la culture de cette plante qu'on est redevable de l'établissement de nos colonies. C'était le commerce libre du tabac qui attirait cette multitude de vaisseaux de toutes sortes de nations, et un si prodieux nombre d'habitans, qu'on comptoit plus de dix mille hommes capables de porter les armes dans la seule partie française de l'île de Saint-Christophe;* au lieu que depuis que ce commerce a été détruit, parce que le tabac a été mis en partie, on a été obligé de s'attacher presque uniquement à la fabrique du sucre ; ce qui a tellement diminué le nombre des habitans, qu'on n'a jamais rassemblé depuis ce temps-là deux mille hommes dans cette même île. La Martinique, la Guadeloupe et les autres colonies françaises sont dans le même cas; et ceux qui les ont connues il y a quarante ou cinquante ans, ne peuvent voir sans gémir l'état où elles sont à présent : Dépeuplées d'habitans blancs, peuplées seulement de nègres que leur grand nombre met en état de faire des soulèvemens et des révoltes auxquels on n'a résisté jusqu'à présent que par une espèce de miracle. C'est le nombre des habitans blancs qui est l'ame et qui fait la force des colonies ; la multitude des esclaves est utile pour le travail, mais très-inutile pour la défense du pays ; elle lui est même pernicieuse lorsqu'il est attaqué. Mais la multitude des habitans ne peut être composée que de petits habitans, et ces petits habitans ne peuvent subsister que par la culture et le commerce libre du tabac.

« J'avoue que le commerce et la manufacture des sucres sont très-considérables; mais il faut avouer que c'est ce qui a dépeuplé nos îles et les a affaiblies au point où nous les voyons aujourd'hui, parce que le terrain nécessaire pour une sucrerie sur laquelle il n'y a que quatre ou cinq blancs, et souvent bien moins, était occupé par cinquante, soixante habitans portant les armes, par conséquent, plus en état de défendre le pays, et qui faisaient une consommation de denrées et de marchandises d'Europe infiniment plus considérable que ne le peuvent faire les maîtres et les esclaves d'une sucrerie, en tel nombre qu'on les veuille supposer. Tout le monde sait que quatre ou cinq aunes de grosse toile avec un peu de bœuf salé suffit pour l'entretien et la nourriture d'un esclave; on ne lui donne ni chemises, ni chapeaux, ni souliers, étoffes, cravattes, perruques, gants, et mille autres choses dont les blancs ont besoin pour s'habiller et se mettre selon la mode de l'Europe. Les esclaves ne consomment ni vin, ni eau-de-vie, ni liqueurs, ni fruits secs, ni huile, ni farine, ni froment, ni épices, ni ameublement, argenterie, draps, dentelles, étoffes d'or, de soie, armes, munitions, et une infinité d'autres choses dont les blancs se font toujours une nécessité d'être très-abondamment pourvus. Or, ce sont ces denrées et ces marchandises qui font le fond d'un commerce immense que la France peut avoir avec les colonies, qui, en lui procurant le débouchement de ce que son terrain et son industrie produisent, lui donnent des moyens sûrs et infaillibles de s'enrichir, en faisant rouler ses manufactures, et en employant une infinité d'ouvriers qui croupissent, à l'heure qu'il est, dans l'oisiveté, et de matelots qui, faute d'occupation, sont obligés d'aller servir nos voisins, et souvent nos ennemis ».

Que de réflexions fait naître ce précieux morceau entièrement prophétique la France serait aujourd'hui dans ces colonies, la première puissance de la terre, comme elle l'est sur l'ancien continent. La population qui s'y serait accrue d'une manière difficile à calculer, en alimentant les fabriques de la métropole, en leur échangeant d'immenses richesses, aurait rendu sa marine formidable et indestructible. Outre Saint-Domingue, qui aurait conservé et accru sa splendeur, et d'autres îles qui seraient populeuses, le vaste continent de la Louisiane aurait seul produit, parmi ses diverses denrées, des tabacs dont la qualité supérieure aurait fait oublier ceux de Virginie; cette colonie, devenue de plus en plus importante, de plus en plus productive et plus peuplée, n'aurait pu être délaissée et livrée par le faible Louis xv; en versant une immense quantité de denrées coloniales dans la métropole, elle aurait en même temps approvisionné les autres colonies, de bois, de goudron, de cordages, de riz, de farine, de viande, etc. Quelle situation resplendissante se présente à l'imagination! qu'a-t-il manqué pour qu'elle se réalisât? Que quelques hommes avides n'aient pas, au nom du bien public, obtenu pour la modique somme de 500,000 livres (1), par de sourdes intrigues, le privilége exclusif de la vente du tabac! Où sont-ils ces hommes calamiteux qui ont fait plus de mal à la patrie, que des grêles, que la peste et les intempéries des saisaisons, que des batailles perdues, et une longue suite de désastres? Où sont-ils, et où est-il ce pusillanime ou ignorant ministre qui a transigé avec eux? que leurs noms soient

---

(1) Les premiers traitans qui obtinrent la traite exclusive du tabac ne donnèrent d'abord que 500,000 livres; on ne sait pas, il est vrai, ce qu'il y eut pour les entremetteurs.

exhumés de l'oubli ! qu'ils soient livrés à la vindicte publique de tous les siècles, qu'ils en soient à jamais l'exécration; qu'ils soient, s'il est possible, l'effroi de ces ténébreux intrigans qui sèment l'or pour se nourrir du sang des peuples !

CHAPITRE VIII.

Café. Son histoire. Ses qualités. De son usage général. De son influence sur le physique et le moral des hommes. Est-il avantageux d'en étendre l'usage au peuple ?

L'ARBRE à café, qui ne croît que vers les régions tropicales, est indigène dans la haute Éthiopie, où il se plait particulièrement sur ses côteaux rocailleux. Plus ramassé dans ses proportions, que dans les régions où on l'a ensuite naturalisé, il ressemble au myrte par son port et par ses feuilles, mais plus larges et plus frisées. Le cafeier est, d'après la méthode de Jussieu, de la famille des *rubiacées* (classe XI, ordre 2), *corolle épigine, anthères distinctes*. Le calice monophille, supère, à quatre dents; la corolle tubulée, oblongue, presque infondibuliforme, à cinq divisions, à limbe plane, cinq étamines insérées sur la corolle et saillantes, un style, deux stigmates, les fleurs par paquets, jusqu'au nombre de cinq, blanches, imitant celle du jasmin; d'une odeur douce, mais légère, à courts pédoncules axillaires, naissant aux aisselles des feuilles précédentes, sur la partie nue des rameaux, et dans les aisselles des feuilles existantes; l'embryon ou jeune fruit devient à peu près de la grosseur et de la figure d'un bigarreau, se termine en ombilic, d'abord vert clair, puis rougeâtre, ensuite d'un beau rouge, et d'un rouge obscur dans sa parfaite maturité; sa chair est glaireuse, d'un goût désagréable, se ride en desséchant; cette chair sert d'enveloppe à deux coques minces, ovales, étroitement unies, arrondies sur leur dos, aplaties par l'endroit où elles se joignent, couleur d'un blanc jaunâtre, et contenant chacune une semence calleuse, presque ovale, plane d'un côté, avec un sillon longitudinal et convexe de l'autre côté.

Cet arbre, ou plutôt cet arbrisseau, s'élève, selon les différens lieux, de huit à quinze ou dix-huit pieds; se forme en tête régulière; sa tige est droite, très-rameuse; les rameaux disposés en croix, assez longs, ouverts horizontalement, particulièrement ceux du bas, souples, arrondis, noueux par intervalles; couverts, ainsi que le tronc, d'une écorce blanchâtre, fine qui se gerce en desséchant; le bois un peu dur et douceâtre au goût; les feuilles, placées vers le sommet, à courts pétales, sont entières, pointues aux deux extrémités; elles parviennent jusqu'à quatre pouces de longueur sur environ deux de large; elles sont deux à deux, opposées et inclinées, d'un beau vert luisant en dessus et plus pâles en dessous, un peu ondulées, sans dentelures ni crénelures, minces et n'ayant qu'un goût de vert. Cet arbrisseau est agréable à la vue, par sa tête régulière, sa vive verdure, ses fleurs nombreuses, et par son fruit qui se colore successivement de diverses teintes de rouge. On l'a trouvé en Arabie, particulièrement sur le territoire de Betel-Fagui, ville de l'Iémen, non loin de la Mer Rouge, et à un peu plus de trente lieues du port de Moka. Dans ces contrées, dit-on, vers la fin du quinzième siècle, un berger dont les chèvres broutaient des bourgeons du cafier, remarqua qu'elles bondissaient plus qu'à l'ordinaire, et qu'elles étaient plus éveillées durant la nuit. Il fit part de sa surprise à des moines chrétiens de son voisinage;

voisinage ; ce qui inspira au supérieur , l'idée d'en faire l'essai sur ses religieux pour les tenir plus éveillés pendant les offices de la nuit. Le succès surpassa son attente, et l'usage du café se propagea rapidement; de l'Arabie, il passa en Perse et en Égypte, delà dans l'Asie mineure et à Constantinople. Le café, aujourd'hui en usage dans toutes les parties du monde, et qui s'est communiqué dans presque toutes les classes des peuples, a évidemment été inconnu de ces nations anciennes, célèbres par leurs sciences, leurs arts, leur civilisation; de ces Égyptiens, de ces Éthiopiens au milieu desquels il croissoit cependant naturellement. Leurs monumens, dont l'origine se recule au-delà des temps historiques, dont les pompeuses ruines se sont conservées jusqu'à nous, ne nous retracent nulle part que ces peuples connussent cette boisson si chérie de nos jours. On ne retrouve des figures de l'arbre à café, ni dans l'intérieur de ces temples mystérieux, ni sur ces hauts obélisques couverts hiéroglyphiquement de figures de végétaux et d'animaux, ni dans les détours multipliés de leurs immenses palais, ni sur ces statues allégoriques qui jonchent encore de toutes parts cette antique terre ; et après eux, Salomon, ce sage qui embrassa dans ses études depuis le cèdre jusqu'à l'hysope, ne connut pas davantage les merveilles du café, puisque aucune tradition n'en a laissé de traces parmi le peuple Hébreu. Et si les baies ou les fleurs du cafier, arbrisseau si remarquable, ont été employées dans ces temps reculés, ce n'a pu être que comme médicamens, dans quelques familles, ou parmi quelques peuplades, et jamais comme boisson journalière et alimentaire (1). Son usage, maintenant si répandu, qui, en Europe, et bien plus universellement encore en Asie et en Amérique, fait partie de la subsistance des artisans, des pauvres et des soldats, en même temps est le délice des riches ; son usage, dis-je, est-il avantageux ? produit-il d'heureux effets sur les hommes ?

Les effets principaux du café, sont d'abord d'aider la digestion, et de l'aider sans fatiguer

---

(1). Par le mot *alimentaire*, je ne veux pas dire que cette boisson soit véritablement alimentaire, je sais qu'elle l'est très-peu ; mais j'entends seulement dire que le café, pris en boisson mélangée avec nos autres alimens, concourt à les faire mieux digérer, et par cette raison, devient alimentaire, du moins occasionnellement.

et user l'estomac, comme le font à la longue les cordiaux, et surtout les liqueurs spiritueuses. Dans la foule des personnes qui, depuis leur enfance jusqu'à l'âge le plus avancé, n'ont pas cessé d'en prendre une ou deux fois le jour, on n'en voit point qui véritablement accusent le café de leur avoir nui. Si par une trop grande sensibilité de nerfs, il en est qui sont forcés de se l'interdire, leur nombre est si petit, qu'ils font plutôt exception que preuve contre le café. Le désordre et l'irritation de leurs nerfs tenaient à des causes extérieures ou indépendantes du café (1). L'es-

---

(1) La manière de torréfier le café contribue à rendre cette boisson salutaire ou malfaisante : de-là les préventions de quelques personnes, contre le café. Ecoutons, à ce sujet, l'auteur d'une dissertation curieuse sur le café (M. Gentil, docteur-régent), imprimée en 1787, et approuvée par la Faculté de Paris, pag. 66 et suivantes. « Comme les bonnes et les mauvaises qualités du café en boisson dépendent l'une et l'autre de la manière de le préparer, on ne doit espérer aucun effet salutaire de celui dont la préparation sera vicieuse; on doit, par cette raison, éviter toute torréfaction portée au-delà du degré qu'il convient lui donner, car, dès qu'il se trouve poussé trop loin, il n'est plus propre qu'à détruire les qualités douces et salutaires des principes de ce fruit, et

tomac digérant mieux pour le présent, à l'aide de cette boisson, se fortifie en même temps pour l'avenir, et le café ne fait jamais éprouver à l'estomac des contractions irritantes qu'opèrent sur lui les cordiaux, et bien plus encore les acides qui ne lui donnent momentanément une plus grande action, qu'aux dépens de l'avenir. Le café, en même

à lui imprimer, au contraire, un caractère d'empireume ou d'huile brûlée, capable de porter l'irritation et le désordre dans les fonctions du corps.

..... » En effet, le degré de torréfaction peu méthodique que l'on donne communément à ce fruit, le réduit souvent dans un état charbonneux, en dissipe par-là les parties volatiles, et conséquemment en altère les principes constitutifs. Le principe huileux, naturellement doux et balsamique, contracte, par l'action du feu, un caractère d'empireume désagréable, qui peut devenir très-nuisible. Ainsi, parmi les personnes qui se livrent à l'usage de la boisson dans laquelle entre ce principe vicieux, il en est beaucoup qui ne tardent pas à ressentir des effets capables, non-seulement de causer de fréquens maux de gorge, des hémorragies, des hémorroïdes; en un mot de répandre l'agitation et le trouble dans les fonctions des différentes parties du corps, notamment au cerveau, principe de tous les nerfs, où cette cause incendiaire peut donner naissance à des maux de tête rebelles, à l'intemps, imprime au sang un salutaire mouvement qui, facilitant les secrétions, prépare les élémens de la santé.

Ce qu'il y a de bien remarquable, c'est qu'en animant le mouvement du sang, il ne l'échauffe pas, comme le vin et les liqueurs, dont les excès sont si funestes ; il n'opère, par ce mouvement activé, aucun dérangement

---

somnie, et causer d'autres ravages qui se communiquent bientôt à toute l'économie animale.

» Par ce détail préliminaire, on peut, d'un coup-d'œil, apercevoir le grand nombre d'inconvéniens qui résultent de l'usage du café mal préparé, et combien il peut être à redouter pour les personnes de complexion maigre, bilieuse, irritable, et pour celles dont le sang et les humeurs sont viciés par un degré quelconque de dissolution ou d'acrimonie. On comprend sans doute que ces effets pernicieux ne regardent point celui qui est préparé méthodiquement. On reconnait que le café est à son degré précis de torréfaction, lorsqu'il a pris une couleur canelle, il est suffisamment brûlé ».

L'auteur de cette dissertation indique ensuite le café *cru*, c'est-à-dire non-torréfié, comme étant plus doux, plus convenable aux tempéramens faibles et valétudinaires : « Le café, dit-il, au sortir des mains de la nature ne contient que des principes salutaires ; il est recommandé en décoction, comme spécifique dans les humeurs catarrhales, qu'il guérit souvent par les

dans l'économie animale; il entretient la fluidité du sang, si nécessaire pour les personnes sédentaires, et bien plus encore dans les pays chauds.

Les colons des îles et du continent, les moins riches surtout, en font continuellement usage le matin, à midi, et souvent le soir. Beaucoup d'entre eux sont dans l'habitude d'en prendre à l'eau, à leur réveil, et bien-

---

sueurs, plus souvent encore par la résolution, et surtout par l'expectoration qu'il provoque, et qu'il rend beaucoup plus facile ».

Ce fruit est encore regardé comme propre à prévenir et même à guérir les infirmités causées par l'épaississement de la lymphe; il est encore utile dans celle qui procède de l'épaississement du sang même, etc. Il raporte un grand nombre de cures qu'il a dues à la boisson du café non torréfié, des maux d'estomac, de poitrine, de tête, des engourdissemens, des gouttes, des catarres, des dartres, des tumeurs, guéris parfaitement par l'usage prolongé de la boison du café cru.

« La manière de préparer la décoction du café cru consiste à faire bouillir un gros de ce fruit pilé bien fin, dans une livre ou chopine d'eau, pendant un quart-d'heure. On la laisse sur le marc; et lorsqu'on veut en faire usage, on la verse encore chaude, pour la boire à jeûn par tassées, avec du sucre, de demi-heure en demi-heure : on peut en boire par jour trois ou quatre au moins ».

tôt après en déjeûnant. Il m'est arrivé que, pendant un de mes voyages dans l'intérieur de la Louisiane, où traversant des déserts, je m'étais approvisionné de café en poudre, je n'ai pas eu d'autre boisson pendant environ quatre mois : j'en buvais à tous mes repas au lieu de vin. Cependant j'avais eu, peu auparavant, quinze ou seize accès de fièvre qui, avec le kina que j'avais pris en grande quantité, m'avait extrêmement échauffé et affaibli. Malgré cet état, je me trouvai parfaitement bien ; je le prenais, il est vrai, plus léger qu'à l'ordinaire ; ma santé et mes forces revinrent mieux qu'auparavant. C'était au milieu des plus grandes fatigues et des plus grandes privations ; je couchais sur la terre. Je n'avais pour nourriture ordinaire, au lieu de pain, que de la farine froide (c'est du maïs qui, avant d'être pilé, a été torréfié), de la viande boucanée ; et dans les lieux habités, je ne trouvais que des bouillies et du pain de maïs, des patates douces, du chevreuil ou des viandes salées.

Mais ce qui l'emporte sur ces divers avantages, c'est son étonnante influence sur le moral des hommes ; il anime les esprits, féconde l'imagination, rend la raison plus lucide, comme un vent pur, il dissipe les vapeurs de la mélancolie, inspire la gaîté et les sentimens généreux; il attache à la vie, en faisant savourer, avec plus de délices, les bienfaits de l'existence; il fait éprouver plus vivement le besoin de s'épancher; il contribue à resserrer les liens de l'amitié et ceux de l'amour, tout-à-la-fois; il nous rend plus expansifs, plus aimables.

Qui, dans le cours de la vie, n'a pas souvent éprouvé de ses heureux effets? n'a pas goûté dans le cercle de ses amis, plus de plaisir et de jouissance du cœur? n'a pas trouvés a maîtresse, sa femme même, parée de plus d'attraits? Combien de beaux vers échappés à la verve du poète où le café a eu part! Que de mouvemens éloquens il a contribué à produire sur l'orateur! et dans ces chefs-d'œuvre divers des beaux-arts, ses esprits vivifians n'ont-ils pas le plus souvent aidé, dans leurs savantes compositions, les génies qui les ont produites?

Ce qui est non moins précieux, c'est qu'il contribue à rendre les hommes plus tempérans. Les riches et les grands de nos jours n'offrent point au monde le spectacle dégradant de l'ivresse et de la dissolution qui souillaient l'ancienne Rome, et parmi les nations modernes, celles qui montrent le plus de sobriété ne sont-elles pas celles qui font plus habituellement usage du café? Ne peut-on pas ajouter que la tempérance s'est propagée parmi le peuple avec l'habitude du café. La France offre surtout ces exemples remarquables; et à mesure que l'usage du café a passé de ses grandes villes aux inférieures, des grandes fortunes aux moindres, les excès du vin et des liqueurs spiritueuses qui enlevaient précocement tant de chefs de famille, ont diminué. Je pourrais ajouter que les atrocités qui ont souillé la révolution, qui ont fait croire que Paris n'était pas ce bon peuple tant vanté ; ces atrocités n'ont été exercées que par des malheureux, étrangers aux habitudes du café.

Si le café est utile à la santé, s'il ajoute au bonheur de l'existence, s'il excite l'homme à des sentimens magnanimes, s'il féconde le génie et les talens, s'il contribue à adoucir les mœurs, à ramener vers la tempérance; l'usage qu'on en fait est donc un bienfait pour les familles et pour tous les peuples, et quels que soient leurs gouvernemens, tous doivent donc concourir à étendre cet usage, à faire multiplier l'arbre précieux qui le produit. Oh! que mes regards se complaisent à voir ces plaines et ces côteaux ombragés de cet arbrisseau, aligné symétriquement par l'industrieux Européen! Ces sombres forêts changées par lui en rians vergers, seraient ses plus glorieux trophées, seraient l'hommage le plus digne de l'Éternel, si les mains qu'il forme à ces travaux n'étaient par lui chargées de fers, et si ces corps cicatrisés ne l'accusaient devant le père des hommes!

Mais étendre l'usage du café, s'écrie l'avide financier sous le masque du bien public, et le misanthrope haineux sous le manteau de la philosophie, c'est donner aux hommes de nouveaux besoins, c'est les corrompre, c'est augmenter la masse des importations; ainsi c'est appauvrir l'état. Ecoutez, faux patriotes, faux sages : ce qui corrompt l'homme, ce sont des besoins qui ne sont utiles, ni à sa santé, ni à son bien-être, ni à ses facultés morales : ce sont ces futilités du luxe, dont le caprice et la vanité font tout le prix; qui, toujours renaissantes, se multipliant sans fin, occupent tout entier l'esprit et le cœur, corrompent alors le goût, aveuglent la raison : ce sont ces futilités consommées par des êtres qui ne produisant plus rien, et qui s'accroissant de jour en jour, accroissent les charges de l'état; mais celui dont le talent est productif sait toujours rendre à l'état plus qu'il ne dépense; et si ce qu'il tire du dehors contribue à le fortifier, à prolonger son existence, à le rendre plus actif, plus industrieux, ce sera alors une augmentation de richesses pour l'état : écoutez encore ; le café, qui contribue à la tempérance, contribue donc à l'économie ; et si cette salutaire boisson remplace en partie le vin, si elle en diminue journellement la consommation, l'état y gagnera encore; car le café ne coûte proportionnément pas autant que le vin à cultiver, à récolter, à conserver et à transporter.

Le cafier se plante de six à neuf pieds de distance ; ainsi l'arpent commun peut en contenir six à neuf cents pieds. Il porte dans les colonies deux fois l'année. Chaque récolte, par arbre, s'élève de deux à cinq livres ; le terme moyen, au plus bas, serait de trois livres par récolte, ce qui serait six livres par an; et en supposant que l'arpent ne fût planté que de six cents pieds de cafiers, la récolte totale de six cents pieds s'éleverait donc, en les multipliant par six livres, à trois mille six cents livres pesant (1). Je réduis ici ce produit au-dessous de ce qu'il est ordinairement. Ces trois mille six cents livres de poids, à vingt sols seulement la livre, donneraient une somme totale de trois mille six cents francs. Les frais de ce produit se réduisent à peu de choses, seulement à labourer légèrement la terre une ou deux fois l'année autour de chaque arbre, environ quatre pieds carrés ; et si on laboure la totalité de la terre, alors on peut y planter entre les arbres des patates et d'autres vivres qui indemnisent de ce surcroît de façon.

L'arbre ne demande plus d'autres soins que d'être étêté un peu, pour le tenir plus bas et cueillir plus commodément son fruit. Après la récolte, qui, comme on voit, n'est point embarrassante, on porte le café à un moulin, où d'une tramoire il passe entre deux rouleaux mobiles pour le dépouiller de ses premières pellicules ; de-là être criblé, lavé ; puis il repasse sous une meule de bois tournant, pour

---

(1) Sur les bonnes terres on plante le cafier à neuf pieds de distance au lieu de six ; mais alors il s'étend davantage et produit plus. Ainsi, en ne calculant que sur six cents pieds par arpent, j'aurais dû porter leurs produits à plus de 6 livres pour chacun.

enlever sa dernière pellicule et être lavé de nouveau, et après être trié, il entre dans le commerce. Voilà succinctement, mais sans omission, les soins peu dispendieux qu'exigent la culture de cet arbre et ses récoltes.

Maintenant comparons-les avec celles du vin. La vigne plantée sur des coteaux exige trois et quatre labours soignés et pénibles, parfois des transports de terre; les plants doivent être taillés avec une scrupuleuse attention : il faut des échalas, et dans plusieurs lieux, des perchettes pour les soutenir et les diriger. Chaque époque de l'année appelle de nouveaux soins et de nouvelles dépenses, et jusqu'au moment de la récolte, la vigne ne cesse d'avoir besoin de l'œil du maître et des travaux du vigneron. Encore trop souvent les contre-temps font-ils manquer ces dispendieuses récoltes : ce sont les gelées, les frimas, les vers, la sécheresse ou les pluies qui gèlent les bourgeons, font couler les fleurs, font tomber les graines, ou les font pourrir avant d'être mûres; et au milieu de toutes ces chances, le propriétaire se trouverait heureux si la récolte dans ses vignobles allait, par arpent l'un portant l'autre, à dix ou douze feuillettes, et qu'il vendît chacune d'elles traits de la douceur ! On le voit, les inventions se tiennent ; l'art de préparer le sucre a amené l'art de préparer le café, et a propagé son usage. Et nous ne devons donc pas non plus négliger aucune vérité ; quelque indifférente qu'elle soit en apparence, elle touche peut-être de très-près à une découverte d'une extrême importance.

CHAPITRE IX.

CHAPITRE IX.

Maladies des Colonies. Fièvre jaune, maladie de Siam, des Européens, etc. De leur cause, de leur siège; des moyens préservatifs, de leurs traitemens. Faits et anecdotes à ce sujet. Des moyens généraux de les extirper.

La fièvre jaune n'est point une maladie nouvelle dans les colonies, comme on l'a dit et comme on le croit; c'est la même que celle qui, dès les commencemens de leurs établissemens, s'est fait connaître sous le nom de *maladie de Siam*, que tout aussi faussement on suppose avoir été apportée par un vaisseau venant de Siam. Ce que dans nos îles on nomme *maladie européenne* est encore la même chose. Ecoutons ce qu'en a dit le père Labat, scrupuleux et bon observateur, à ses sortilèges près, et qui habitait les colonies non loin de leur commencement.

(1) « Les symptômes de cette maladie étaient aussi différens que l'étaient les tempéramens

---

(1). Tome premier, p. 72.

de ceux qui en étaient attaqués, ou les causes qui pouvaient la produire. Ordinairement elle commençait par un grand mal de tête et de reins, qui était suivi tantôt d'une grosse fièvre, et tantôt d'une fièvre interne qui ne se manifestait point au-dehors.

» *Souvent il survenait un débordement de sang par tous les conduits du corps, même par les pores;* quelquefois on rendait des paquets de vers de différentes grandeurs, et coulant par haut et par bas; il paraissait à quelques-uns des bubons sous les aisselles et aux aines, les uns pleins de sang caillé, noir et puant, les autres pleins de vers. Ce que cette maladie avait de commode, c'est qu'elle emportait les gens en fort peu de temps, et six ou sept jours tout au plus terminaient l'affaire. . . . . . .

» Il est arrivé à quelques personnes qui ne se sentaient qu'un peu du mal de tête de tomber mortes dans les rues, où elles se promenaient pour prendre l'air, *et presque tous avaient la chair aussi noire et aussi pourrie, un quart-d'heure après qu'ils étaient expirés, que s'ils eussent été morts depuis quatre ou cinq jours*. . . . . . . J'en ai été attaqué deux fois. J'en fus quitte la première fois, après quatre jours de fièvre et *de vomissement de sang* ; mais la seconde fois, je fus en danger pendant six ou sept jours »...

Il décrit ainsi la seconde de ces maladies :

...... « Je me sentis attaqué d'une violente douleur de tête et de reins, accompagnée d'une grosse fièvre, symptômes assurés du *mal de Siam*. Je fus d'abord saigné au pied, et puis au bras. Cette dernière saignée fit désespérer de ma vie, parce que je m'évanouis ; et malgré tout ce qu'on put faire, je demeurai près d'une heure sans connaissance. Je revins enfin comme d'un profond sommeil. Quelques heures après, *il me prit un crachement, ou plutôt un vomissement de sang très-fort, et qui me faisait tomber dans des espèces de convulsions, quand au lieu de sang pur et liquide, j'étais obligé de jeter des grumeaux d'un sang épais et recuit. Cela dura près de vingt-quatre heures.* Pendant ce temps-là, mon corps se couvrit de pourpre, depuis la tête jusqu'aux pieds ; les taches, qui étaient de la grandeur de la main, et de différentes couleurs, s'élevaient insensiblement au-dessus de la peau. Je souffris de grandes douleurs le troisième et le quatrième jour. Le cinquième, je fus surpris d'une léthargie ou sommeil involontaire qu'on ne pouvait vaincre.

. . . . . . » Je dormis près de vingt heures sans intervalle, et pendant ce temps-là, j'eus une crise, ou sueur si abondante, qu'elle perça plusieurs matelas les uns après les autres. Je me réveillai ensuite, fort surpris . . . . . . Je demandai d'abord à manger. On voulut me porter dans un autre lit; mais j'assurai que je me sentais assez de force pour y aller. En effet, je me levai; on me changea de linge, et je me couchai dans l'autre lit, me trouvant sans autre incommodité, qu'une faim canine qui me dévorait. On m'apporta un bouillon, que j'avalai comme si c'eût été une goutte d'eau; mais il fallut, pour avoir la paix, me donner du pain et de la viande, sans quoi je voulais me lever pour en aller chercher. Je m'endormis après que j'eus mangé, et ne me réveillai que six ou sept heures après, avec la même faim, sans la moindre apparence de fièvre ni mal de tête. Il ne me restait de ma maladie, que les marques du pourpre, qui m'avaient rendu le corps marqué comme celui d'un tigre, etc. ».

La première maladie de cet auteur offre à-peu-près les mêmes symptômes : des maux de tête et de reins, des vomissemens d'une grande quantité de sang. Sa guérison s'effectue aussi par des saignées et des transpirations abondantes. Ce qui se passe de nos jours, relativement à ce qu'on nomme *fièvre jaune*, ou *maladie des Européens*, et ce que j'ai moi-même observé, prouve que ce sont les mêmes maladies que celle décrite, il y a près d'un siècle par le père Labat. Elles commencent aussi ordinairement, par des maux de tête et de reins, suivis d'une grosse fièvre tellement interne, qu'elle n'est bientôt plus sensible au pouls. J'ai vu des malades, aux approches de la mort, et dans le transport, sans la moindre indication de fièvre. Il survient aussi presque toujours des vomissemens répétés de sang noir, et c'est un des symptômes les plus caractéristiques de la fièvre jaune. Souvent encore, comme le raconte le père Labat, des personnes qui ne se sentent qu'un peu de mal de tête, tombent subitement mortes. A la Nouvelle-Orléans, dans l'été de 1805, plusieurs Anglais ou Anglo-Américains sont morts ainsi subitement. Un entre autres, attaqué de cette maladie, a expiré tout-à-coup sur la levée, tenant à sa main une tranche de melon qu'il mangeait. Son teint était coloré et animé. Un médecin qu'un particulier pria de passer chez lui pour voir sa femme dangereusement malade, demanda à ce particulier, en le fixant: Et vous, Monsieur, comment vous portez-vous? — Fort bien. — Fort bien, répéta le médecin; voyons votre pouls: vous êtes aussi malade, et gravement malade; allez, sans perdre de temps, vous mettre au lit, et je vous suis: et peu de jours après ce particulier mourut.

Les vomissemens de sang noir qui surviennent presque toujours, et qui continuent jusqu'à la mort, annoncent la coagulation et la putréfaction du sang, et par conséquent, que la maladie est alors incurable; on en juge ainsi ordinairement. Cependant ces vomissemens, comme au père Labat, sont quelquefois purgatifs. J'ai vu en arrivant à Pensacôle un homme déjà âgé, qu'on venait de débarquer d'un navire venu de la Havane; il était parti atteint de la maladie; son épuisement et le sang noir qu'il vomissait, dont j'ai été témoin, ne laissaient plus d'espoir. Cependant ce vomissement étant devenu, comme au père Labat, extrêmement abondant, il guérit, et son rétablissement fut étonnamment prompt.

Cette maladie se manifeste avec des symptômes également variés selon les mœurs, les tempéramens, les climats et les saisons ; on en verra la preuve. Il ne faut donc pas douter de l'identité de ces maladies de nos jours avec celles qui ont existé dès les premiers temps des colonies. Examinons quelle est la cause générale qui la reproduit si constamment. En me livrant à ces examens, on verra comment la différence des tempéramens, des mœurs, des climats et des saisons, la représente sous des formes aussi variées ; les moyens de la guérir, ou plutôt de la prévenir, seront plus faciles à saisir. Quand un seul homme devrait, aux réflexions où je vais me livrer, la conservation de ses jours ; quand une seule mère leur serait redevable de lui avoir sauvé un fils, est-il un seul lecteur qui puisse accuser ces réflexions d'être trop longues ? Si elles allaient devenir utiles au plus grand nombre de ceux qui vont habiter ces régions lointaines ; si elles allaient sauver la plus grande partie de ces valeureux guerriers que l'état y envoie à si grands frais, qu'il serait glorieux, qu'il serait consolant pour moi d'avoir répandu un jour conservateur sur ce trop important objet ! Je parle de consolation! en est-il pour moi, après la perte que cette cruelle maladie m'a fait éprouver ? La plaie dont mon ame est atteinte ne saurait plus se fermer ! je descendrai avec elle au tombeau, et la gloire, ô hommes ! dont vous pourriez m'environner, ne pourra la guérir, et il me faut des motifs plus grands que tout ce que les hommes pourraient me donner pour revenir sur des objets qui r'ouvrent mes plaies, raniment mes douleurs !

La nature se montre plus active dans les pays chauds, aussi bien dans le règne animal que dans le règne végétal. Si les plantes multiplient davantage, croissent plus vite et plus grandes, les espèces d'animaux y sont aussi plus nombreuses, plus fécondes, plus hâtives, et avec de plus grandes proportions. On doit ajouter que la destruction y est toujours plus accélérée : la nature, plus pressée d'agir, détruit avec plus de célérité, afin de reproduire plus en hâte. L'homme, le seul être capable de vivre et de multiplier sous tous les climats, est encore soumis à ces lois générales. A quelques exceptions près qui dérivent de mœurs particulières, son accroissement est plus prompt sous les climats chauds ; les deux sexes, les femmes surtout y sont nubiles bien plus jeunes, et les traces de la vieillesse aussi également précoces.

Ce qui est surtout remarquable, c'est que les maladies aiguës y sont pour lui et pour les autres animaux plus fréquentes et plus meurtrières, et que les tempéramens les plus robustes en sont plus particulièrement victimes. Il n'est que trop ordinaire d'apprendre que telle ou telle personne qui était pleine de santé, il y a peu de jours, est dans la tombe : c'est vers les époques surtout des plus grandes chaleurs.

Mais les Européens, passant subitement de leurs climats tempérés sous la zône torride, éprouvent encore plus cruellement les effets de ces maladies aiguës; ils ne semblent arriver en foule de leurs régions lointaines, que pour être moissonnés en foule : le très-petit nombre échappe comme miraculeusement à la destruction générale.

Si nous faisons attention à la nature du sang qui circule dans nos veines, nous observons surtout qu'il est susceptible d'une grande dilatation. Lorsque nous nous livrons à des exercices violens qui l'agitent, et par conséquent l'échauffent, sa dilatation est si grande, que tous les vaisseaux se gonflent, le teint s'allume, la peau se tend, et la respiration est plus pénible. Les femmes d'un tempérament plus sanguin rendent cette observation encore plus sensible. Nous trouvons-nous aussi auprès d'un grand feu, ou dans un lieu trés-échauffé, à un soleil du midi d'été, cette dilatation du sang devient telle, que bientôt nous sommes couverts de sueur; et c'est par ce mécanisme admirable de la dilatation du sang que la nature entretient en nous une transpiration continuelle, pour opérer ses grandes secrétions, puisque la très-grande partie de nos alimens et de nos boissons, qui n'entre pas dans la composition du corps, se dissipe par les pores de la peau ; et lorsque cette évaporation est suspendue, alors les plus grandes maladies nous assaillissent. Afin que cette transpiration s'entretienne et s'augmente selon les circonstances, il a donc fallu que la constitution de notre sang fût coordonnée au climat sous lequel nous vivons; c'est-à-dire que, sous un climat froid, il fût susceptible de se raréfier plus facilement avec un moindre degré de chaleur; tandis que, sous un climat toujours chaud, il se raréfie plus difficilement avec un plus grand degré de chaleur.

Sous la zône tempérée, à Paris, par exemple, où la chaleur ne s'élève que de quinze à vingt degrés, et rarement jusqu'à vingt-cinq, encore seulement quelques instans, peu de degrés au-dessus suffiront pour opérer une dilatation du sang qui produira des sueurs; tandis que sous les tropiques, où la chaleur est ordinairement de trente à quarante degrés, si la dilatation du sang était la même, c'est-à-dire, si la sueur se manifestait sensiblement vers vingt-cinq degrés de chaleur, elle serait, et trop continuelle, et trop abondante; sous trente à quarante degrés; les vaisseaux, trop gonflés, ne laisseraient plus la liberté au sang de circuler; le sang ne circulant plus librement et étant dans un plus grand état d'effervescence, se coagulerait, se décomposerait et tomberait bientôt en putridité.

On reconnaît donc que la constitution du sang des peuples équinoxiaux doit être plus légère, moins dilatable que celle des peuples des zônes tempérées, et qu'en se rapprochant vers les pôles, le sang doit avoir un degré de densité plus grand et être plus dilatable.

Cette théorie explique pourquoi les hommes, en s'avançant du midi au nord, éprouvent une compression du sang plus grande qui laisse beaucoup de vide dans leurs vaisseaux, qui les rend moins tendus, plus flasques, prive alors ces hommes de la chaleur nécessaire à leur conservation, les fait souffrir davantage des effets du froid. Les pores de la peau, moins ouverts, et comme fermés par cette trop grande compression du sang, font qu'ils perdent alors l'usage d'une transpiration toujours nécessaire pour les secrétions, dont les suites funestes sont des rhumatismes, des catarrhes, des rhumes, et toutes les maladies d'humeurs répercutées, ou plutôt non-exhalées.

Ceux, au contraire, qui du nord s'avancent au midi, ayant un sang plus dense, plus substantiel, éprouvent, à mesure qu'ils passent sous des degrés de chaleur plus grands, une dilatation de sang plus considérable; et alors, comme je viens de le dire, les vaisseaux se gonflent extraordinairement, toutes les parties du corps sont dans une grande tension, et l'embarras croît avec l'effervescence ; s'il est enfin tel, que le sang soit arrêté ou seulement suspendu dans sa circulation, il se coagule bientôt, et cette coagulation doit avoir surtout lieu au centre du mouvement au cœur, où la chaleur est plus grande par l'action de la réaction, et parce qu'il y est en plus grand volume. Ce premier effet de la coagulation du sang, dans le principe de son mouvement, opère promptement le désordre dans toute l'économie animale, puisque là est le principe de vie.

Mais il est des tempéramens plus sanguins les uns que les autres; la médecine, dans tous les temps, a reconnu ces différences. Ici les tempéramens les plus sanguins doivent être plus exposés aux effets de ce changement de climat du nord au midi; cela est vrai; et tandis que des physionomies pâles, chétives en apparence, n'éprouvent point, ou du moins très-peu de révolution de ce changement de climat, les constitutions athlétiques, ces hommes charnus, au teint frais, aux couleurs animées, sont aussitôt moissonnés. Tous les renseignemens que j'ai recueillis à ce sujet dans les différentes colonies que j'ai parcourues ont confirmé mes idées. On voit déjà comment les hommes, sous les climats chauds, sont plus ou moins exposés aux effets mortels des chaleurs.

C'est bien autre chose, quand de nos régions tempérées ou froides ils sont subitement transportés sous les climats brûlans et est chargé d'évaporations, contenant des sels et des minéraux corrosifs ou astringens, des eaux vives, crues, froides, contracte aussi le tissu nerveux de la peau, resserre les pores. Mais toutes les passions qui affectent l'homme, agissent avec une activité encore plus merveilleuse sur tout le système nerveux : les soucis, les chagrins, la colère, les trop fortes et les trop longues tensions de l'esprit, les desirs trop ardens, ceux de l'amour, et ses excès particulièrement, ébranlent vivement et à la continue, les nerfs, entretiennent leur irritabilité, et prolongent leur tension.

Si ces différentes causes d'irritabilité agissent lorsque le sang est extrêmement raréfié, la tension des nerfs, alors contractant les vaisseaux sanguins, vient embarrasser et même arrêter la circulation du sang, qui, en effervescence et bouillonnant, opère subitement des irruptions, des hémorragies, des coups-de-sang, et la mort même. Souvent il est refoulé vers le cœur; la portion arrêtée, qui ne peut retrouver de passage dans les vaisseaux artériels, s'y coagule à l'instant. Tel est le principe de ces fièvres internes, de la fièvre jaune. Cet état de tension des nerfs, en s'opposant à la circulation du sang, s'oppose en
même

même temps aux émanations de la sueur, parce que la peau, elle-même contractée, a resserré ses pores et a fermé ses issues. Dans ces circonstances, la peau devient aride et sèche. La roideur des nerfs, rendant les mouvemens difficiles et pénibles, fait éprouver des lassitudes, des débilités, avant-coureurs prochains des maladies.

Ces différentes causes agissent sur toutes les espèces d'hommes qui vivent dans les climats chauds; elles agissent sur les naturels, sur les créoles et les Européens; et là où la nature a plus fait pour les hommes, elle est plus intolérante, elle y pardonne moins les excès. Le missionnaire jésuite espagnol *Joseph Guimilla*, dans son histoire de l'Orénoque (1), offre une observation de la plus grande importance, qui prouve que les naturels ont eux-mêmes : 1.° à redouter beaucoup, à cet égard, des suites des moindres excès; 2.° que ces excès agissent toujours spécialement sur le sang. « C'est, dit-il, dans la plus grande de leurs cabanes (des Indiens) qu'ils boivent et dansent en même temps à-la-fois..... Ceux qui sont épris de leurs liqueurs enivrantes

_____

(1) Traduction française, tome 1.ᵉʳ, page 257.

I. L

dorment ensanglantés depuis les pieds jusqu'à la tête. Pour prévenir les suites de cette ivresse, ils s'incisent cruellement les tempes et le front, avec des dents de poisson et des os extrêmement aigus; et comme ces parties contiennent une grande quantité de veines, on ne peut voir qu'avec horreur le sang dont ils sont couverts. *Lorsque j'ai réfléchi*, continue l'auteur, *sur la coutume barbare de ces peuples, de boire jusqu'à perdre la raison, j'ai reconnu que c'est par une providence spéciale de Dieu qu'ils se font ces cruelles incisions; car ils préviennent par là les fièvres malignes et pourprées que l'agitation du sang occasionnée par la boisson, dans un pays aussi chaud, ne manquerait pas de leur causer, sans cette évacuation copieuse de sang* ».......

Les créoles, c'est-à-dire ceux qui, issus d'Européens, sont nés dans les colonies, éprouvent encore plus généralement, sous ces climats, ces effets d'un mauvais régime, de l'intempérance, ou de la trop grande activité des passions. J'en ai vu de nombreux exemples; c'était ordinairement sur les hommes robustement constitués. Mais ce qui se passe dans les villes des Anglo-Américains, les ravages affreux de la fièvre jaune, en sont plus particulièrement la preuve. L'usage continuel et immodéré des salaisons, des viandes succulentes, des boissons trop épaises, comme la bière et le cidre, de ces vins empâteux et mélangés, de leurs farineux et de leurs pains non-levés, et par conséquent non assez divisés, concourt à leur donner un sang trop nourri ou trop riche, plus susceptible de s'allumer et de se dilater, et de se décomposer, par leurs excès habituels de rhum, de tafia de Whiskey (1), par leur vie trop sédentaire dans le séjour de ces villes encaissées dans des vallées, au milieu desquelles s'élèvent des files de hautes maisons qui arrêtent l'air, concentrent et réfléchissent les chaleurs.

On demandera sans doute pourquoi la fièvre jaune, qui fait tant de ravages parmi les créoles Anglo-Américains, n'atteint pas, ou du moins très-peu de créoles dans nos îles. La raison, ce me semble, est que les Anglo-Américains ont régulièrement un hiver long et rude, saison où, tandis que les appétits portent à des alimens plus substantiels, on évapore cependant moins par les pores,

---

(1) Eau-de-vie faite avec le seigle.

Leur sang, durant ces hivers, est donc devenu plus substantiel, et par conséquent plus susceptible d'effervescence et de dilatation pour le temps des chaleurs; tandis que les créoles des îles, ayant des chaleurs constantes, se nourrissant plus uniformément, ont une transpiration toujours entretenue et un sang uniformément fluide. Indépendamment ces causes qui sauvent les créoles de nos îles des ravages de la fièvre jaune, il faut aussi ajouter celles qui naissent de leur régime de vie plus sain et plus sobre que celui des Anglo-Américains, et aussi de ce que leurs villes sont moins vastes et moins populeuses. Cette dernière cause est si prépondérante, que dès que la fièvre jaune se manifeste dans les villes des Anglo-Américains, ils fuient en hâte dans les campagnes; non pas, comme on le croit généralement, que cette maladie soit épidémique, et que l'air de leur ville ait contracté l'épidémie; c'est seulement parce que la chaleur y est trop grande et trop permanente. Aussi, dès qu'ils sont arrivés à leurs campagnes, où ils respirent un air plus libre et plus frais; où les rayons du soleil ne dardent pas sur des pavés et des murs qui les répercutent, mais sur des pelouses qui les absorbent, où ils sont aussi au milieu des végétaux qui les ombragent, où ils se livrent moins aux excès de l'intempérance, où ils sont moins occupés d'affaires qui les exaltent, où tout, en un mot, est plus calme au physique comme au moral : alors ils sont hors des atteintes de la fièvre jaune ; et si cette maladie avait été véritablement épidémique, tous l'ayant reçue dans leur sein avant de fuir à leurs campagnes, l'y auraient tous portée et l'auraient propagée de toutes parts. La fièvre jaune, la même maladie que celle appelée dans nos colonies *la maladie des Européens*, n'est donc pas plus épidémique que celle-ci, qui, comme je l'ai observé, moissonne les Européens à mesure qu'ils arrivent, tandis que les créoles des îles vivent au milieu d'eux sans la craindre. Ces observations rendent raison de ce que rapporte M. Michaux (1) sur cette maladie, qu'il a trouvée à Charleston.

« La fièvre jaune, dit ce voyageur, varie d'intensité chaque année, et l'observation

---

(1) Voyage à l'ouest des Monts-Alleghany en 1802, page 9 et suivantes.

n'a pas encore pu déterminer les signes caractéristiques auxquels on peut reconnaître qu'elle sera plus ou moins maligne dans l'été. Les habitans de la ville n'y sont pas si sujets que les étrangers, dont les huit dixièmes moururent l'année de mon arrivée; et lorsque les premiers en sont attaqués, c'est toujours dans une proportion beaucoup moindre.

» L'on a observé que, pendant les mois de juillet, août, septembre et octobre, où règne ordinairement cette maladie, les personnes qui s'absentent de Charleston, seulement pour quelques jours, sont, à leur retour dans la ville, beaucoup plus susceptibles d'en être atteintes que ceux qui n'en sont pas sortis. Les habitans de la Haute-Caroline, éloignés de deux à trois cents milles, qui y viennent pendant cette saison, y sont aussi sujets que les étrangers; et ceux des environs n'en sont pas toujours exempts.

» L'on croit assez généralement à Charleston que la fièvre jaune, qui y règne ainsi qu'à Savanah, tous les étés, est analogue à celle qui se manifeste dans les colonies ».

CHAPITRE X.

Continuation du même sujet.

Nos insulaires créoles, et ceux qui, par une longue résidence, se sont naturalisés au climat des îles, exempts généralement, par les causes que j'ai indiquées, des effets rapides de cette maladie redoutable, sont cependant victimes de fièvres inflammatoires, qui se rapprochent de la fièvre jaune, qui ont le même principe, et qui en sont, à proprement parler, des modifications. Ces fièvres se manifestent surtout dans la saison de l'hivernage, temps des plus grandes chaleurs, où l'air est plus étouffant, et elles attaquent surtout ceux qui habitent les villes, qui s'abreuvent de vins recherchés, de viandes marinées, salées, aromatisées, que la cuisine française, dans son art inimitable, revêt toujours de goûts nouveaux, pour redonner à la sensualité des jouissances nouvelles. Leur sang, alors devenu trop substantiel, trop *nourri*, et particulièrement trop inflammable, cause sur le genre nerveux une irritabilité qui s'oppose aux transpirations, devenues cependant plus nécessaires : de-là ces espèces de fièvre jaune, atténuées et différenciées par la différence des tempéramens et des qualités de leur sang.

Les divers raisonnemens où je me suis livré sur ce redoutable fléau des colonies, les faits et les citations dont je les ai appuyés, prouvent qu'elle est, non épidémique, mais constante et périodique ; qu'elle se modifie selon les lieux, les saisons, les tempéramens, et que son siége est uniformément dans le sang ; que par conséquent les moyens curatifs et préservatifs doivent avoir toujours pour but le sang ; que s'ils agissent sur d'autres parties, c'est seulement parce que ces parties ont des relations intimes avec le sang, ont une influence prépondérante sur lui.

Lorsque de mauvais levains d'humeurs obstruent l'estomac et les autres viscères, il est évident que leur volume, que l'embarras qu'ils occasionnent pour les digestions et les autres fonctions, embarrassent la circulation d'un sang trop abondant et trop dilaté, et contribuent encore à l'enflammer ; l'évacuation de ces humeurs devient donc impérieusement urgente ; des vomitifs, des remèdes par le bas doivent donc être employés sans tarder. Ce sang, dont la circulation est le principe de vie, qui, arrêté un instant à sa source, s'y coagule et s'y corrompt, exige une extrême célérité dans tous les moyens propres à restituer sa fluidité, à débarrasser ce qui porte obstacle à son cours ; des saignées abondantes, des stimulans internes et des moyens pour distendre la peau au-dehors et amener des sueurs, doivent agir pour ainsi dire simultanément, tant les progrès du mal sont rapides. Et malgré la célérité des traitemens, déjà même le mal est sans remède, puisque ses progrès ont commencé souvent à l'insu du malade.

Les Anglais, parmi lesquels cette maladie fait particulièrement de plus grands ravages, qui doivent avoir fait plus d'épreuves pour la guérir, emploient presque toujours des cordiaux ; un grand nombre boit du rum avec plus d'excès, un grand nombre aussi périt ivre. Ce qui peut-être est plus raisonnable et plus efficace, c'est l'usage du mercure qu'ils prennent intérieurement à fortes doses. Ce métal, le plus puissant dissolvant de la nature, qui ne conserve sans doute son active fluidité que pour cette fin, dont les alchimistes, dans leur délire, ont voulu faire un principe recomposant, tandis qu'il est essentiellement décomposant ; le mercure a paru aux Anglais propre surtout à prévenir la coagulation du sang, et à lui restituer sa fluidité ; et il paraît en effet être, sous ce rapport, favorable à la cure de cette maladie. J'ai vu à la Louisiane un nommé Nicols, devenu depuis premier juge du comté des Atakapas, un de ces hommes calamiteux que l'Amérique-Nord avait jeté sur ces plages, pour être le fléau des faciles et timides Louisianais ; cet homme se sentant frappé à la Nouvelle-Orléans, de la fièvre jaune, à l'époque où elle faisait les plus grands ravages en 1805, courut chez un médecin, prit sur-le-champ vingt-cinq grains de mercure ; en prit successivement ainsi pendant plusieurs jours, et porta même les doses jusqu'à trente grains. Il guérit, mais il ne guérira jamais des atteintes que la prodigieuse quantité d'un remède si agissant a porté à ses nerfs et à sa constitution. Si le mercure peut être utile pour ce traitement, et avoir des résultats moins funestes, c'est lorsqu'il sera administré par de sages médecins.

Ceux de l'art avec lesquels je me suis entretenu sur la nature de ce mal prétendent qu'un grand nombre de personnes ont tellement en eux le germe de la maladie, qu'il n'est pas en leur faveur de moyens préservatifs : ils n'ont pu m'en dire les raisons ni m'indiquer les principes sur quoi reposaient les différens traitemens qu'ils suivent à cet égard ; je n'ai vu qu'une routine aveugle, dénuée même de l'instruction de l'expérience ; puisqu'ils croient cette maladie toute nouvelle, qu'ils ignorent ce qu'elle a été autrefois, et comment on l'a traitée. Il est vrai que des médecins, ou des hommes qui en font les fonctions, qui n'ont, pour l'ordinaire, pas un seul livre de leur état, qui n'ont qu'ébauché autrefois leurs études, qui disent n'avoir pas le temps de lire, qui ne sont peut-être pas en état de le faire avec fruit ; qui n'ont pas, les premières notions de la différence des climats ; de tels hommes, dis-je, ne sont guère en état d'éclairer la science qu'ils pratiquent : aussi, contre leurs avis, je me permettrai d'assurer qu'il est pour tous des moyens préservatifs, simples, faciles, sûrs. Ils naissent naturellement des principes, des raisonnemens et des faits que j'ai exposés.

Ceux de mes lecteurs qui m'ont lu avec attention jugent déjà que les tempéramens sanguins et robustes, plus exposés à cette maladie, et à en être attaqués beaucoup plus gravement, ont besoin de précautions plus grandes et plus strictement observées (j'entends parler surtout des Européens arrivans). La vie inactive de la traversée, le mal-aise et le défaut d'habitude de la mer, les alimens échauffans pris alors en plus grande quantité qu'à l'ordinaire, ont enflammé le sang, ont ajouté à son volume, en même temps ont grossi la masse des humeurs. Dès qu'ils auront débarqué, qu'ils auront quitté l'air plus animé et plus frais de la mer, qu'ils seront entré dans ces villes engouffrées sous une atmosphère de quinze à vingt degrés de chaleur au-dessus de celle qu'ils ont jamais ressentie; qu'ils se seront logés dans les maisons étroites, mal-percées, des quartiers les plus resserrés de la ville; qu'ils continueront de se nourrir d'alimens et de boissons aussi substantielles; que la nouveauté des fruits du pays les excitera à manger de ceux qui sont les plus compactes, tels que les ananas, les cocos et ces abricots si coriaces; qu'en même temps ils y seront assiégés de soucis, contraints de se livrer à des courses et à des travaux inaccoutumés ; ou bien que, s'abandonnant à l'oisiveté, les passions ardentes du jeu et des femmes les tourmenteront ; alors vraiment, il n'est point pour eux de moyens préservatifs contre la maladie. Mais, si à leur arrivée ils choisissent surtout un lieu aéré, un logement bien percé ; si, sur le moindre indice de plénitude d'estomac, ils le débarrassent par des vomitifs et d'autres purgatifs ; s'ils se rafraîchissent à l'aide de boissons et de remèdes internes ; et si, délayant davantage leurs alimens, ils choisissent surtout ceux qui sont d'une qualité aqueuse, tempérante ; si dans leurs courses, dans leurs promenades, ils évitent d'être exposés aux rayons d'un soleil si ardent ; s'ils savent s'occuper sans s'excéder ; si surtout ils tempèrent l'excès des passions de tous les genres : certainement ceux-là sont assurés d'être hors des atteintes de la maladie, non-seulement pour le présent, mais encore pour l'avenir.

« Je dis pour le présent et pour l'avenir, car il est essentiel d'observer que ce régime doit, en effet, avoir tout-à-la-fois ces deux buts du *présent* et de l'*avenir*. Un voyageur qui ne serait que passagèrement dans une colonie, pourrait alors seulement se contenter ; peu-

dant son séjour, d'habiter un lieu rafraîchi par les vents, tels que les mornes. Cette température, avec une vie tranquille et son régime accoutumé à l'Européen suffira sans doute à sa santé. Mais celui qui arrive dans les îles avec l'intention d'y résider, ne saurait constamment se dérober à ces chaleurs; il faut donc qu'il s'acclimate pour les supporter impunément. Et qu'est-ce que s'*acclimater*? C'est donner au sang les qualités qui conviennent à ce climat? c'est, comme je l'ai montré, le rendre plus fluide, moins nourri, moins dilatable. Il faut donc, qu'à cet effet, il s'abstienne plus qu'un autre d'alimens trop nourrissans; dans ce cas, par exemple, qu'il mange beaucoup moins de pain, et peut-être pas du tout; qu'il le remplace par les farines granulées de manioc, et par le riz, qui, aussi moins alimentaire et diurétique, semble particulièrement placé par la nature sous les climats chauds pour la substance des hommes; qu'il soit très-réservé pour les viandes, pour les boissons trop nourrissantes ou trop échauffantes; que surtout il entretienne une transpiration, qui, sans être cependant trop abondante pour ne le pas exténuer, soit cependant constante : c'est-là le thermomètre de sa santé.

La transpiration une fois suspendue, la peau, qui n'est plus moite, mais sèche, annonce un commencement de la maladie; il faut en hâte la rappeler; la saignée est plus particulièrement nécessaire; des bains, non froids, mais seulement tièdes; des boissons qui ne soient point irritantes, et qui cependant stimulent un peu; la tisane composée de la chicorée des jardins, plus douce que la chicorée sauvage, avec un peu de laitue et d'orange aigre au lieu de citron, dont l'acide est trop énergique sur les nerfs, est celle dont on fait usage communément, et que je crois en effet la plus convenable.

Le serein est surtout dangereux pour les Européens arrivans. A la disparition du jour, qui, vers l'équateur, se fait tout-à-coup, il tombe subitement d'abondantes et de fraîches rosées, sans doute mélangées de vapeurs et d'émanations corrosives, puisque tant de végétaux en ont les qualités, et que le fer et l'acier le plus parfait y sont aussitôt rongés; ces émanations, qui contractent vivement la peau, arrêtent ainsi la transpiration, indispensable pour l'Européen. Il faut donc qu'il résiste à l'attrait du plaisir de savourer la fraîcheur de ces délicieuses soirées; qu'il se donne garde surtout d'y rester assis; que même il ne se promène pas, mais qu'il marche si ses affaires le commandent; qu'en revanche le lever de l'aurore le surprenne à peine au lit; qu'il se hâte de respirer cet air pur et renouvelé, que bientôt va dessécher et embraser de nouveau ce soleil qu'il voit déjà dardant ses rayons étincelans à travers des nuées de pourpre. La chaleur renaissante va lui rendre salutaire ces humides exhalaisons dont il se sera pénétré, ces parfums dont son odorat aura été délecté; et si surtout il aime la nature, la vue de ces bois touffus, de ces arbres aux troncs élevés, à la cime spacieuse, au feuillage pittoresque, aux fruits de formes variées, et de tant d'espèces de végétaux qui rampent ou qui grimpent; cette vue animera son imagination, reveillera ses esprits, redonnera à toutes ses facultés une nouvelle énergie, un nouveau ressort pour se livrer plus vivement à ses occupations et se prémunir surtout contre ces affaissemens d'où naissent les mélancoliques regrets et ces cuisans desirs de revoir ses foyers, préludes trop ordinaires de la maladie. Que ceux qui en ont le choix aillent de préférence s'acclimater dans les habitations rurales, au milieu des champs,

des

des bois, des prés, des eaux vives, à travers ces salutaires végétaux. Ecoutons encore à ce sujet le père Labat pendant son séjour à Saint-Domingue, en 1701, époque où cet établissement n'avait cependant pas soixante ans.

« Il n'y a, dit-il, que les chasseurs qui vivent dans les bois qui soient exempts de maladies. L'exercice qu'ils font, le bon air qu'ils respirent, conserve leur embonpoint et leur santé ; mais ils doivent bien prendre garde à eux quand ils viennent dans les bourgs, et n'y pas faire un long séjour ; car ils sont plus susceptibles des maladies que les autres (1). »

Si déjà le séjour de ces bourgs naissans, bâtis de cabanes en bois, était dangereux pour les Européens, que ne doit donc pas être celui des villes actuelles de ces colonies, construites en pierres et pavées de pierres ? Ce qui rendait aussi funeste aux chasseurs le séjour des bourgs, c'étaient les excès du jeu, de la table et des femmes, où ces espèces d'hommes sont plus particulièrement sujets. Le père Labat convient que déjà c'était même pour les colons établis une des principales

---

(1) Nouveaux Voyages aux îles, tome 7, p. 208.

causes de leurs maladies. « Une de celles, ajoute-t-il, à laquelle il n'est pas si facile d'apporter du remède, c'est l'intempérance de bouche et les débauches qui se font dans le pays; tout le monde veut manger beaucoup, et boire encore mieux. Ceux qui sont riches se piquent d'avoir de grosses tables : ils boivent et mangent avec excès, pour faire boire et manger ceux qu'ils ont conviés, sans se souvenir que dans les pays chauds et humides, où l'air est épais et grossier, comme celui-là, on ne peut être trop sur ses gardes du côté de l'intempérance.... Quand donc un corps se trouve surchargé d'alimens, plein d'excellens sucs et très-nourrissans, accompagnés de vins de toutes façons, et de toutes sortes de liqueurs, sans être aidé d'aucun exercice, que celui du jeu, qui ne fait qu'échauffer le sang, et mettre la bile et les autres humeurs dans un mouvement violent et déréglé, que peut-on espérer, qu'une corruption de toute la masse du sang? *Une coagulation, des obstructions et des indigestions si puissantes*, que toute la médecine n'y peut apporter aucun remède........ On résiste au commencement, mais cela dure peu : les plus robustes soutiennent davantage, et puis *ils crèvent plus promptement. Les plus faibles sentent plus tôt les suites de leurs désordres, se corrigent quelquefois un peu, traînent plus long-temps une vie languissante et ennuyeuse; et enfin, ils prennent tous le même chemin* » (1).

La tempérance, dans nos climats modérés, ne semble être qu'une vertu de prévoyance; long-temps souvent on l'a délaissée sans en ressentir les effets; ce n'est très-ordinairement que dans l'âge avancé, où le cortège des infirmités vient punir les hommes de leurs mépris pour elle. Mais, dans les colonies, sa vengeance est toujours prompte et terrible. L'européen ne saurait donc trop se pénétrer de ces idées; et si, après s'être acclimaté, il peut insensiblement sortir du régime austère qu'il s'était imposé, il est toujours des bornes qu'il ne franchira jamais impunément; qu'il les connaisse pour les respecter toujours; qu'il étudie donc, à cet égard, son tempérament: non pas que je prétende le rendre esclave de minutieuses pratiques! ce n'est pas chez ces hommes timorés, que la santé vient établir son domicile; ce n'est point à

---

(1) Tome *idem*, p. 211.

eux qu'elle réserve une longue et sereine carrière : c'est pour celui qui, ami de la joie et des plaisirs purs, tempère de longue main son sang par des inclinations douces; celui-là peut quelquefois s'asseoir au milieu de ses amis, et, dans les épanchemens du cœur, savourer plus longuement les plaisirs de la table. La tempérance est fille de la nature, comme elle est ennemie de la monotonie. Qu'on me permette de rappeler deux exemples trop frappans du besoin dans les colonies de cette modération jusque dans les affections de l'ame, même les plus épurées. Un grand nombre de gens de lettres ont connu à Paris, avant la révolution, l'auteur de la *Galerie des hommes illustres*. M. Imbert, comte de la Platière (1).

Cet homme, vraiment extraordinaire, fai-

---

(1) Il ne faut pas confondre avec Imbert de la Platière *Roland de la Platière*, collaborateur de l'*Encyclopédie méthodique*, puis ministre, et victime de la révolution. Les mémoires de la femme de ce ministre, écrits pendant qu'elle était en prison, continués après sa condamnation à la mort, seront un des monumens les plus remarquables de l'énergie que la révolution avait donnée aux caractères, même à celui des femmes. Je regrette d'y trouver la censure amère de per-

sait ou faisait faire, par souscription, le plus mauvais ouvrage qui existât, et le faisait payer plus chèrement qu'aucune production ne l'a jamais été. Ce qui ajoute au merveilleux de l'auteur, c'est que, n'étant pas en état d'écrire une page du livre qu'il décorait de son nom, il faisait faire ses vies par différens auteurs qu'il ne payait pas; ses gravures, par de misérables artistes, qui ne recevaient que des promesses de protection ; les marchands de papier étaient nourris de l'espoir de leur faire faire de grandes fournitures ; pour ses imprimeurs, il se faisait donner en avance le nombre d'exemplaires dont il avait besoin, et leur laissait le reste en gage. Une figure agréable, ouverte ; de la vivacité, de la gaîté, des saillies ; l'art de capter par des manières affectueuses, même par des airs de hauteur,

---

tonnes qui ont pu être faibles, mais dont le cœur a été pur. Dans une révolution où toutes les passions exaspérées avaient fait méconnaître la raison, quel est celui à qui on ne croirait pas devoir reprocher d'avoir trop fait ou trop peu fait ? Et si la haine avait dû s'éterniser contre tous ceux en qui on trouvait à redire dans la conduite révolutionnaire, les Français auraient continué à se détruire, jusqu'à ce que le dernier n'eût plus eu de victimes à sacrifier à sa haine.

lui gagnaient les uns, en imposaient aux autres. Il intéressait les grands et les amenait à ses souscriptions pécunieuses, en promettant aux uns une nouvelle illustration de leurs noms par ceux de leurs aïeux, qu'il allait placer dans sa galerie. Il flattait les autres de la gloire d'être inscrits sur la liste de ses souscripteurs, parmi les premières personnes de l'état. Il avait en même temps obtenu de la cour le plus grand nombre des souscriptions alors d'usage ; parce qu'avec les airs d'un important il persuadait aux courtisans que son ouvrage était national, et qu'étant fait par un homme comme il faut, il avait d'autant plus de droit à la munificence publique.

Avec ces rares talens, M. Imbert, comte de la Platière, menait à Paris le train d'un jeune seigneur. Sa parure était recherchée, ses meubles somptueux ; il avait des tableaux de prix, des bijoux, des maîtresses, des.... etc. La révolution tarit les sources de ce Pactole ; et il obtint enfin du gouvernement, une place de secrétaire de préfecture de l'île de la Martinique. M. de la Platière ne devait guère être propre à ce genre de place. Sa vie dissipée et intrigante ne l'avait pas mis à portée de connaître les affaires : son caractère inconstant, des passions ardentes, des goûts déréglés et frivoles ne laissaient pas plus l'espoin qu'il pût s'y former, qu'il pût s'assujettir aux formes sèches et monotones de la bureaucratie; qu'il pût rester constamment soumis aux ordres supérieurs. Aussi se brouilla-t-il bientôt avec des personnes considérables; et les choses devinrent telles avec le préfet, qu'il fut obligé de quitter sa place. C'était peu de temps avant mon arrivée à cette colonie. Quoique d'un tempérament assez sanguin, mais agissant, maigre, élancé et sobre, car il ne buvait, même à Paris, que de l'eau, il avait conservé à la Martinique sa santé, au milieu de ses agitations. Il s'était même, dans la suite, livré à la composition d'un ouvrage, dont ceux qui ont parcouru le seul exemplaire sorti du magasin de l'imprimerie, n'ont pu me dire le sujet. Le temps de ce genre de ressources inépuisables pour lui n'était plus alors; et la Martinique, particulièrement, n'est pas même un théâtre propre à d'autres talens que les siens.

Un jour que, dans ces circonstances, il avait eu avec le préfet une scène violente, il alla dîner à une campagne voisine de la ville de Saint-Pierre. Tout ému encore de cette scène, échauffé probablement aussi par la marche qu'il avait faite à pied, il se livra de nouveau, en la racontant, à un tel degré d'emportement, qu'une fièvre ardente le saisit, et l'emporta dans les vingt-quatre heures.

Son épouse, sur ces entrefaites, était partie de France pour le rejoindre. Elle arriva à la Martinique, ignorant et sa destitution et sa mort. A ces nouvelles désastreuses, elle tomba dangereusement malade. La compassion lui prodigua des secours qui la sauvèrent. Pendant sa convalescence, on lui conseilla des promenades matinales. Il lui arriva un jour de les prolonger plus loin qu'à l'ordinaire. Le hasard la conduisit sur l'habitation si fatale à son époux; un plus malheureux hasard le lui apprit. Toute sa douleur se reveilla; et en proie aux plus violens transports, elle termina elle-même, après quelques heures du plus affreux délire, ses jours, par une mort plus tragique encore que n'avait été celle du malheureux la Platière.

CHAPITRE XI.

Moyens de préserver les Troupes des Maladies applicables aux particuliers.

Doit-on donc s'étonner que les militaires semblent être, dans les colonies, des victimes de prédilection. Leurs passions plus exaltées, leurs excès répétés, des alimens salés et échauffans, des exercices immodérés, entremêlés de trop d'inoccupation, les épuisemens de l'incontinence, des logemens mal situés et mal distribués, concourent à-la-fois à dépeupler les garnisons coloniales; jamais les batailles les plus sanglantes ne leur ont été aussi funestes qu'une année, ou même que quelques mois de maladie. Il est cependant pour des hommes si précieux à leurs familles, si chers à l'état, puisqu'il en coûte tant pour être formé, discipliné et transporté sur cet autre hémisphère; il est, dis-je, des moyens qui pourraient les dérober à ces fléaux; et cependant trois à quatre siècles d'expérience n'ont pas encore fixé assez l'attention d'aucune nation européenne pour s'en occuper efficacement. Aucun médecin, aucune administration, aucune société savante n'en ont fait l'objet de leurs recherches et de leurs méditations. Le hasard, l'aveugle hasard, et la fatalité des circonstances décident du sort de chaque guerrier, comme de celui d'un particulier isolé, diminuent ou augmentent le nombre des victimes. Aux observations précédentes, je vais en ajouter quelques autres qui les concernent spécialement. Peut-être seront-elles un sujet d'émulation pour des hommes plus instruits que moi.

Le choix d'abord des militaires envoyés dans les colonies n'est point indifférent, et il y a plus que de l'imprudence de transporter en masse un régiment ou des portions intégrales d'un régiment. On doit encore plus craindre, dans cet état, pour ceux d'une complexion tout-à-fait sanguine, qui sont ramassés, épais, charnus dans leurs proportions ; ceux aussi dont les passions sont trop ardentes, et emportés, intempérans surtout pour le vin et les liqueurs. Lorsqu'il arrivait autrefois de prélever dans les différens corps de troupes des hommes, pour en faire des corporations coloniales ; c'étaient ceux-là particulièrement qu'on choisissait, tous ceux qu'on appelait les mauvais sujets ; et c'étaient ceux qu'il aurait fallu surtout exclure. Le choix des officiers est non moins important ; ils doivent servir d'exemple à leurs inférieurs, et encore, par leur douceur et leur sollicitude, dissiper ou adoucir ces chagrins d'être si éloignés de la mère patrie, d'où naissent souvent dans les corps des maladies contagieuses qui les dépeuplent. Mais qu'on se garde surtout de leur donner pour chefs de ces jeunes et fougueux colonels, qui, inattentifs aux besoins intérieurs du soldat, aux moyens d'améliorer son sort, et bien moins pour la discipline et la manœuvre, que par caprice ou par une vaniteuse galanterie, harcèlent sans cesse leurs régimens, d'exercices, de revues, de parades, à des heures et en des lieux inconvenans ; qui, aussi frivoles dans les modes pour la parure de leurs troupes, que pour celle de leur personne, ne consultent ni l'économie, ni le climat, ni les soins prolongés qu'elles coûtent au soldat.

Leur nourriture, pendant la traversée, doit avoir le double but de conserver leur santé durant le voyage, et de les préparer au changement de climat. Il faut donc, autant qu'il est possible, empêcher leur sang de s'échauffer, l'adoucir, et augmenter sa fluidité. Il est important, d'abord, que le biscuit qu'on leur destine ne soit pas aigri pour être trop levé ; ce qui arrive ordinairement, afin de masquer le vice des farines de mauvaise qualité. Je ne sais si je me trompe : mon opinion à cet égard, est que le biscuit soit à l'inverse du pain, toujours médiocrement levé ; il est alors plus doux, plus friable que le biscuit ordinaire ; c'est ainsi qu'en usent les Anglais et surtout les Américains : ses parties, plus solubles, le rendent moins échauffant, et d'une plus facile digestion ; et quand même il serait vrai qu'il fût moins nourrissant, ce ne serait pas alors un mal. Je voudrais pour les troupes sur mer, d'amples provisions de légumes, de choux fermentés ou choucroûte, et surtout de pommes de terre : leur substance douce, aqueuse, légère, les rend alors plus particulièrement bienfaisantes ; cuites simplement à l'eau pour être mangées avec les viandes salées, elles en corrigeraient l'acrimonie ; et je ne doute pas que le grand usage qu'en font sur mer les Anglais et les

Américains ne leur soit très-utile sous ce rapport. En consommant davantage de cette plante si productive, on consommerait d'autant moins de ce froment, si long, si pénible, si dispendieux à cultiver.

Si le riz n'était pas une production étrangère à nos colonies, et, par conséquent, trop chère pour nous, ce serait un des farineux dont je conseillerais plus particulièrement l'usage sur mer et dans les colonies, non pas cuit et délayé à la manière des Parisiens (1).

On ne devrait pas non plus donner sur mer aux troupes du vin pur; il faudrait qu'il fût mélangé d'eau, et que ce mélange se fît publiquement sur les ponts, en présence des officiers. Les besoins de propreté, d'exercice et de dissipation sont trop connus pour qu'il soit nécessaire de les rappeler.

A leur arrivé, faites que d'abord les premières impressions qu'ils recevront de ces nouvelles régions leur soient agréables; elles contribueront à leur faire aimer ces lieux, à les préserver des maladies de langueur, nées de l'éloignement de leur pays natal; mal que

---

(1) Voyez ci-après art. *riz.*

la vue seule propage parmi les troupes. Ne leur faites reprendre leurs exercices qu'avec précaution, et redoutez alors autant de les fatiguer que de les attrister. Mais par-dessus tout, éloignez-les de l'oisiveté, ce plus grand fléau des hommes, et le plus corrupteur, quand ils sont rassemblés.

A cet effet, que leurs casernes soient environnées de terrains proportionnés au nombre des troupes; que ces terrains soient divisés et subdivisés, pour les leur laisser à cultiver; que les officiers leur donnent l'exemple de l'émulation; qu'ils y fassent croître les légumes européens et les productions du pays; qu'ils y aient des ignames, du manioc, des patates, des bananes, du maïs, etc.; ces légumes et ces diverses productions leur seront d'autant plus agréables, qu'ils les devront à leurs soins; ils deviendront une partie de leur nourriture, corrigeront les mauvais effets de leurs viandes salées, de leurs biscuits et de leurs farines échauffées; s'ils ont du surplus, qu'il leur soit même permis de le vendre. Louez, caressez, récompensez ceux qui cultiveront mieux, qui feront produire davantage: des hommes actifs et laborieux seront toujours de bons soldats; ils seront alors véritablement acclimatés pour supporter les fatigues et les privations dans la guerre : vous leur aurez fait contracter pour l'avenir l'habitude et le besoin du travail; vous en aurez fait des agriculteurs, ou pour la métropole, ou même pour les colonies; pourquoi ne les peupleriez-vous pas ainsi? Ce serait toute autre chose que ces infortunés de vos villes, que la misère et la débauche enlèvent à mesure qu'ils y arrivent; il vous sera alors bien plus facile de prévenir les troupes des excès des femmes et des liqueurs fortes : à tous égards, leur santé se fortifiera. Les productions indigènes aux climats qu'on habite sont toujours les plus salubres; ainsi l'a voulu la nature, dans ses admirables plans d'économie.

Comment s'y sont conservés ces audacieux aventuriers qui ont fondé nos colonies? Délaissés de leur patrie, méconnus d'elle, ils n'avaient ni vin, ni farines, ni salaisons. Les bananes, le manioc, les fruits et leur chasse suffisaient à leur existence; et avec ces seuls moyens, ils faisaient des courses sur mer, sur terre : pendant des marches forcées, ils livraient des combats, soutenaient ou faisaient des siéges, et en même temps ils pénétraient dans les forêts pour y poursuivre le gibier; ils en abattaient les arbres, en défrichaient les places, y faisaient croître le tabac, le coton, le rocou, etc., et préparaient ces denrées pour les vendre aux Européens. Au milieu de ces dangers renaissans, de ces courses exténuantes, de ces travaux excédans, ils conservaient leur santé. Les maladies du climat leur étaient inconnues; ils ne les trouvaient que dans les excès des liqueurs européennes et dans l'oisiveté familière aux bourgs. Dites, colons efféminés, qui répétez dogmatiquement que le travail dans les colonies n'est point fait pour les blancs; qui vous en offensez quand on ne paraît pas être de votre avis; dites si les hommes d'alors, dont plusieurs de vous sont issus, n'avaient pas plus de peine, plus de fatigue que vos propres esclaves : ils avaient contre elle le grand remède, la propriété et la liberté.

Il est donc vrai que l'activité, la tempérance, et pour alimens les productions du pays, sont, dans les colonies, les premiers moyens de soutenir la santé.

En conservant ainsi ces militaires si précieux, l'état diminuera pour eux ses dépenses; il aura moins de frais de transport pour ces comestibles, et moins d'embarras pour leur subsistance dans les temps de guerre. Qu'on ne dise pas que ces occupations des troupes nuiront à leurs exercices : et de mémorables exemples ne nous intruisent-ils pas que ces nombreuses légions usées par le maniement des armes se sont dispersées comme la poussière devant nos inexpérimentés conscrits? L'élément de la valeur du soldat, c'est l'ame; et celui-là seul a de l'ame qui a une patrie : rattachez donc sans cesse le soldat à elle.

Dans les colonies, les casernes doivent être spacieuses, bâties sur des sites aérés, et entourées de galeries qui empêchent le soleil de darder ses rayons sur les murs et de pénétrer dans l'intérieur des logemens. Ces galeries servent en même temps à rassembler les soldats durant les pluies et les heures de grande chaleur : ils s'y dissipent ; ils en font comme leur atelier de travail ; ils restent moins renfermés et couchés dans leur chambre, où ils respi-

---

(1) Que sont devenues les armées menaçantes de ce roi du nord, dont les ministres répétaient sans cesse, *notre gouvernement est militaire*? Ce ramas de toutes les nations de ces hommes sans patrie n'est plus qu'un songe.

rent un air plus épais, plus échauffé, et où ils se livrent à la mélancolie : que surtout ces casernes soient construites de manière que les logemens y soient simples et non pas doubles, que, percés aux faces opposées, ils puissent être continuellement renouvelés et rafraîchis par des courans d'air.

Au-dehors des casernes, ménagez de spacieuse plantations; que sous les ombres rafraîchissantes de grands arbres, les soldats puissent sans cesse s'y rassembler, faire leurs appels, leurs exercices, s'y livrer à des jeux, y prendre même leur repos : encore une fois, moins ils seront dans leurs chambres, mieux ils se porteront.

Il est à desirer qu'il y ait non loin d'eux des eaux pour se baigner; rien n'est plus propre à tempérer la chaleur du sang et l'irritabilité des nerfs; mais, pour cette dernière cause surtout, craignez que ces eaux ne soient trop fraîches et trop crues ; elles seraient particulièrement funestes à ceux qui, n'ayant pas l'habitude des bains, ont la peau plus sensible, et par conséquent plus susceptible de se contracter et d'arrêter la transpiration. Il faut à ceux-ci des eaux attiédies par le feu ou le soleil, et ce n'est que graduellement qu'ils peuvent prendre l'habitude de se baigner dans les eaux fraîches.

Les vêtemens des soldats doivent être légers, aisés, en même temps assez chauds pour les garantir des sereins et des fraîcheurs des nuits. L'Européen se gêne ou se découvre impunément au gré de ses capricieuses modes; il n'en est pas de même du soldat dans les colonies. Combien de ces malheureux ont été victimes de ces habits échancrés bizarrement pour la bonne grâce, disait-on, qui leur laissaient une partie du corps à découvert! Combien peut-être plus encore qui, serrés dans des justaucorps où le sang dilaté ne peut gonfler les vaisseaux, s'étendre jusqu'aux bras engainés dans d'étroites manches, jusqu'aux cuisses, aux jambes, aux pieds, que des culottes, des pantalons, des souliers compriment pour donner des formes élégantes! combien, dis-je, de ceux-là dont le sang dilaté se refoule alors vers le cœur pour les frapper subitement de mort, ou allumer en eux une dévorante fièvre, qui ne retarde la mort que pour la rendre plus douloureuse! Ces élégans mais lourds chapeaux sont aussi pour le soldat des colonies, de dangereuses parures. Les vaisseaux comprimés par leur poids, ces longues cornes qui les embarrassent, sans les abriter du soleil, les exposent durant les exercices, les marches, à des coups de sang souvent mortels, ou avant-coureurs de maladies qui le sont toujours. Il est donc important que la coiffure des militaires soit légère, flexible, de forme très-haute, pour laisser entre la tête et le fond assez d'air qui tempère la chaleur, et qu'elle soit à bord rabattu. Peut-être ces chapeaux pourraient-ils être de paille, tels que des particuliers en portent dans les colonies; j'en ai porté moi-même : ils seraient économiques, plus frais, plus légers; du moins ils pourraient être en usage pour les troupes qui ne sont point en campagne.

Ce que je dis ici n'est pas étranger aux jeunes gens qui n'appartiennent point à l'état militaire, mais qui ne sont pas moins volontairement esclaves de nos inconstantes et bizarres modes.

CHAPITRE XII.

Moyens généraux que les gouvernemens doivent employer pour concourir à détruire les germes de ces maladies.

Dans cet exposé sur la cause des maladies des colonies, sur leur siége, sur leurs effets, sur les divers moyens de les traiter, j'ai voulu éclairer les voyageurs européens, arrivant sans les premières notions des dangers qui les menacent, sans guides pour s'y diriger. J'ai voulu éclairer même les créoles, qui, pour être nés dans ces climats, n'en connaissent guère mieux les effets, en sont eux-mêmes les victimes journalières. Mais, ami de tous les hommes, de tous les peuples, j'ai surtout eu en vue de provoquer la surveillance des gouvernemens pour préparer de longue-main, par des institutions, par des lois, par des réglemens de police, les moyens universels de les prévenir, d'en effacer jusqu'aux traces.

Que particulièrement ils développent donc davantage leurs villes; qu'ils en élargissent les rues; qu'ils en multiplient les places; que les maisons y soient médiocrement élevées, bien percées; que la vigilante police s'exerce jusque sur leurs distributions intérieures; que les derrières ne soient point encombrés de hideuses bâtisses qui obstruent l'air, qui entretiennent une humidité putride; que partout des arbres ombreux couronnent leurs toits; qu'à chacune d'elles des jardins, où il soit défendu de bâtir, rafraîchissent et purifient l'air qui les environnent, par des émanations végétales; qu'au-dehors des hospices de bienfaisance pour les pauvres y soient spacieux et aérés; que les personnes aisées trouvent dans des maisons de santé la salubrité, les commodités, la gaîté; que des logemens économiques soient en même temps sur des sites sains; consacrés aux familles arrivant pour s'y acclimater, s'y disposer sans trop d'inquiétudes aux genres d'établissemens où elles se destinent.

Qu'aux approches surtout des sécheresses et des chaleurs, les précautions redoublent pour la salubrité; que des eaux plus abondantes se dispersent dans les places et les rues, ou du moins les arrosent ; que les habitans eux-mêmes, particulièrement ceux des contrées anglo-américaines, se préparent aux épreuves de ces nouvelles saisons par plus de tempérance ; qu'ils fassent davantage usage de végétaux et de volailles, et diminuent celui des grosses viandes, des salaisons surtout ; que les excès des boissons spiritueuses soient plus particulièrement alors réprimés ; que les ministres de ces religions si diverses dans leurs dogmes et leur rits n'aient plus qu'un même sentiment, qu'une même pensée ; que tous à-la-fois fassent retentir leurs temples de menaces contre les violateurs des lois de la tempérance ; qu'ils leurs montrent la mort menaçante prête à les enlever à leurs pères, à leurs mères, à leurs enfans, à leur épouses, à la patrie ; qu'ils multiplient leurs conseils sur les régimes que ces saisons leur commandent. Qu'en même temps les affaires suspendues, les cours de justice ajournées, les spectacles et les lieux de rassemblemens interdits, forcent tous les citoyens à aller aux champs, séjour du calme, de la paix et de la salubrité. Ainsi, ces moyens réparateurs neutraliseront dès à présent les germes du plus grand des fléaux des nations modernes, et les détruiront radicalement pour l'avenir ; ainsi, chez toutes les nations, la grande somme des biens et des maux est toujours le produit de la sagesse ou de l'ignorante incurie de leurs gouvernemens. Les dépenses pour ces mesures, des concessions ou des rachats de terrains pour espacer les villes, y former les établissemens nécessaires à ces vues, pourraient-elles être ici des obstacles à leur exécution ?

Mais ces hommes qui vont se fixer dans ces lieux, ces familles qui vont s'y multiplier, ne dédommageront-ils pas au centuple, par les denrées qu'ils vont fair naître, par l'industrie qu'ils vont vivifier, par leurs consommations croissantes ? Si l'institution de tous les gouvernemens, si leur devoir le plus sacré n'était pas de protéger paternellement ceux qui leur appartiennent, en quelques lieux qu'ils soient; si les hommes ne pouvaient être pour eux qu'un objet de sordide calcul, je leur dirais : où placerez-vous plus usurairement vos fonds ? quelles dépenses peuvent vous offrir d'aussi immenses profits ? Voyez-en la preuve dans la seule île de la Martinique.

CHAPITRE XIII.

Petit nombre d'hommes qui fondèrent, avec peu de moyens, la colonie de la Martinique. Richesses dont ils ont été les créateurs.

D'Énanbuc, gentilhomme normand, est avec raison regardé comme le fondateur des colonies des îles françaises et de celle de la Martinique. Cet aventurier, après s'être signalé sur les mers par diverses actions d'éclat, vint, en 1625, commencer le premier établissement à l'île de S.-Christophe, accompagné au plus de trente ou quarante hommes, reste de soixante qui, avec quatre pièces de canon, avaient soutenu un combat contre un galion espagnol monté de trente-six pièces de canon et de quatre cents hommes d'équipage. Sous ce chef aussi sage que courageux, cette petite troupe s'accoutuma d'abord à vivre des productions du pays, gagna tellement l'affection des Indiens, qu'ils aidèrent leurs nouveaux hôtes à des défrichemens où ceux-ci recueillirent en peu de mois de quoi charger de tabac le navire qui les avait amenés.

Après que d'Énanbuc eut fait approuver cet établissement du gouvernement, et que, pour obtenir de plus grands secours, il eut fait former une compagnie qui eût la propropriété de toutes les îles où l'on s'établirait, et après divers autres événemens heureux et malheureux, d'Énanbuc descendit à la Martinique en 1637, c'est-à-dire il y a cent soixante-dix ans, pour y fonder une autre colonie. Cent hommes agriculteurs et soldats, approvisionnés d'armes, de munitions de guerre, d'instrumens aratoires, de semences, de quelques objets de traite pour les Caraïbes, furent les seuls moyens avec lesquels ce chef entreprenant acheta des Indiens la Cabester (1) de la Martinique, bâtit un fort qu'il revêtit de palissades à l'embouchure de la rivière de Saint-Pierre, construisit des maisons, défricha des terres, fit des plantations de manioc, de pois, de patates, de *coton* et de *tabac*. Ces

---

(1) *Cabester* signifie partie de l'île au Vent. *Basse-Terre* signifie partie de l'île sous le Vent.

travaux s'exécutèrent au milieu de nations qui obligeaient à une surveillance continuelle, sur un terrain couvert d'arbres énormes, infesté de reptiles et de serpens surtout, l'effroi même des sauvages, par leur venin, leur grandeur et leur audace. Quelques particuliers, encouragés par ces premiers succès, vinrent augmenter l'établissement; il était cependant contrarié dans ses progrès par la compagnie propriétaire des îles. Cette compagnie, composée de courtisans et de financiers ignorans dans ce genre d'établissement, crut qu'en multipliant ses agens et ses commis, qui se surveillaient respectivement, elle ferait arriver plus intacts les immenses produits qu'elle se promettait. Mais il lui arriva ce qui arrivera toujours à tout gouvernement et à toute administration qui veulent tout faire pour tout avoir et pour être maîtres de tout : c'est que cette multiplicité d'agens augmenta les embarras de la gestion, multiplia les abus et les déprédations, opprima et découragea les colons, et devint en même temps si onéreux, que les dépenses surpassèrent toujours les recettes, et forcèrent la compagnie endettée de mettre en vente ces îles dont elle était propriétaire. L'île de la Martinique fut vendue, y compris les îles de Sainte-Lucie, de la Grenade et des Grenadins, par contrat passé à Paris le 27 septembre 1750, pour la somme de 60,000 livres; et afin d'obtenir de toutes ces îles une somme si modique, la compagnie resta environ deux ans avant de trouver un acquéreur.

Actuellement, reportons-nous à ce que la seule île de la Martinique a acquis de valeur dans cet intervalle d'un siècle et demi. Qui osera maintenant calculer le prix de son territoire, des édifices de ses villes, de ses bâtimens ruraux, de leurs fabriques et de leurs instrumens? Jugeons combien l'état s'est enrichi dans cette seule propriété : si nous y ajoutons, la valeur des hommes qui l'habitent, des richesses mobilières qui s'y trouvent, peut-on ne pas être surpris de la progression presque incalculable de cette amélioration? Et que n'aurait-ce pas été encore, si cette compagnie ignorante n'eût pas arrêté ses progrès dès sa naissance; si un gouvernement militaire, fiscal, et de mauvais principes ne lui eussent pas continuellement opposé d'autres obstacles? A qui est due cette amélioration prodigieuse, et ce qui aurait été encore beaucoup plus loin? à un petit nombre d'hommes, à peu de familles qui s'y sont établis, qui n'ont porté que leur industrie : car leurs richesses se réduisent à bien peu de choses. Qu'on fasse présentement le dénombrement des hommes que la Martinique a pu posséder depuis l'époque de sa vente; qu'on établisse une répartition sur chaque tête de la richesse que chacune d'elle a produite l'une portant l'autre ; que l'on mette aussi en compte ces riches produits annuels depuis cette époque; alors chacun de ces hommes se trouvera avoir enrichi sa patrie de richesses foncières et mobilières, dont le poids en or excéderait peut-être le poids de sa personne. Est-il donc de spéculations plus lucratives que celles du produit des colonies? En est-il où l'homme, sous le rapport de l'intérêt, soit plus précieux, où l'augmentation du nombre présente pour l'état une plus belle perspective de fortune? Peut-on donc user de trop de surveillance, de trop de précautions pour la conservation de tels hommes? peut-on craindre les dépenses qu'elles nécessitent? Sous ce rapport, on voit qu'un homme des colonies est plus précieux encore qu'un homme de la métropole, puisque ceux de la métropole n'ont pas augmenté dans une pareille proportion la valeur du territoire qu'ils habitent, et que même ils ne le sauraient.

L'augmentation d'une richesse territoriale est une augmentation de richesse pour tous les temps à venir, tandis que l'augmentation des richesses mobilières est toujours momentanée et de circonstance. La richesse territoriale et son amélioration doivent donc être préférées à toutes, aux fabriques, par exemple; car l'agriculteur fait, encore plus que l'ouvrier de fabrique, produire annuellement bien au-delà de sa consommation et de ses besoins; mais en même temps il donne à la terre un degré d'amélioration, et par conséquent, une augmentation de sa valeur pour les siècles à venir, ainsi que je viens de le dire; tandis que l'ouvrier de fabrique, qui ne fait produire que petitement au-dessus de ce qui lui est nécessaire, n'améliore pas la machine de sa fabrique, mais contribue à l'user. L'agriculture est donc par-dessus tout le moyen fondamental de la prospérité à venir, et c'est en même temps le seul capable d'augmenter la population et de l'avoir bonne.

L'agriculteur a pour lui un avantage inappréciable; c'est qu'il ne travaille jamais seul, la nature agit toujours de concert avec lui;

qu'il dorme ou qu'il repose, elle veille encore, agissant pour lui. Mais l'ouvrier de fabrique n'a pour lui que ces machines sorties de la main des hommes, imparfaites et frêles comme eux, et n'agissant qu'avec eux. O Sully! qui connus si bien ces fécondantes vérités, pourquoi as-tu eu si peu d'émules?

L'agriculture des colonies est plus productive que l'agriculture des métropoles: 1.° parce que les terres, y étant plus neuves, produisent davantage; 2.° parce que la végétation étant, par le climat, plus active et plus durable, est aussi plus productive; 3.° parce que les espèces de denrées que produisent les colonies sont plus chères; 4.° parce qu'en raison du peu de population des colonies et de leurs climats, cette population est susceptible de s'accroître beaucoup. Nos familles en Europe, en France, par exemple, ne s'augmentent pas sensiblement; nos villages sont à peu près ce qu'ils étaient il y a un siècle ou deux; tandis que, dans les colonies, des bourgs nouveaux sont devenus des villes, des habitations ont formé des bourgs. Ainsi une famille dans les colonies devant multiplier davantage que la métropole, est donc particulièrement, sous ce rapport, plus nécessaire à l'état qu'une famille de la métropole. L'état a donc encore ici un motif de plus pour desirer et favoriser le passage de ceux qui veulent s'établir dans les colonies. Et tant que la métropole a dans son sein des individus qui ont de la peine à exister, dont les bras manquent de travail, il est pressant pour lui d'accélérer leur passage. Ces individus inutiles ou nuisibles vont fertiliser : 1.° en faisant produire des denrées utiles à la métropole ; 2.° en augmentant par leur aisance leur consommation, ils augmenteront les débouchés de la métropole. Les colonies s'accroîtraient ainsi rapidement du seul superflu de leurs métropoles respectives, de ces malheureux surtout des campagnes, que la misère enlève journellement, ou qui, pour lui échapper, vont prendre les vices et la corruption des villes.

Ces vérités si simples, qu'elles devraient être pour ainsi dire triviales, sont cependant si méconnues, en France surtout, que nos colonies ont toutes souffert du défaut de population ; plusieurs sont encore désertes, telle que Sainte Lucie ; tandis que, depuis deux siècles, des millions de malheureux ont été moissonnés

par

par la misère, et tant de familles ont cessé de se multiplier, se sont éteintes par le défaut de moyens d'existence. L'espoir que ces observations ne seront point inutiles de nos jours me fait espérer qu'elles seront lues avec intérêt.

CHAPITRE XIV.

Serpens dangereux. Leur destruction. Influence de l'homme sur la nature. Observations sur les îles qui n'ont point de ces serpens. Idées de l'Auteur à ce sujet. Diverses espèces de Fourmis; leur incroyable multiplicité, leurs ravages. Seuls moyens que l'homme ait à leur opposer. Animaux destructeurs des Fourmis. Du Fourmilier en particulier.

La Martinique nourrit un grand nombre d'espèces de serpens; plusieurs sont venimeuses et extrêmement redoutées des nègres. Pendant mon séjour, j'appris, à une habitation voisine de Saint-Pierre, qu'un nègre était mort du seul effroi que lui avait causé la vue d'un de ces serpens venimeux. Au commencement de l'établissement de cette colonie, plusieurs familles européennes quittèrent cette île, pour fuir le danger de leurs mortelles blessures. On en trouvait alors qui avaient jusqu'à vingt-cinq pieds de longueur et plus d'un pied de diamètre. Lorsqu'ils étaient irrités, ils attaquaient fièrement les hommes et les poursuivaient avec vivacité. Le seul moyen d'échapper, quand on était sans armes, était de courir en zigzag. Chaque jour leur nombre diminue, et l'on n'en voit plus de cette énorme grandeur. A mesure que les hommes découvrent les lieux fangeux et touffus où ils habitent, qu'ils les dessèchent par des irrigations et la culture, ils empêchent la multiplication des reptiles, des oiseaux, et de tant d'animaux dont se nourrissaient ces diverses espèces de serpens, et ils détruisent eux-mêmes chaque jour ceux qu'ils rencontrent sur leurs pas. Ce qui prouve la grande longévité des serpens, c'est de n'en plus trouver d'une aussi effrayante grandeur, ils n'y parviennent que dans le cours d'un grand nombre d'années. Partout où l'homme établit son domicile, sa destinée est de changer l'ordre des choses : il n'acquiert cette auguste influence sur la nature que par l'assiduité de ses travaux et le perfectionnement de ses arts. Dites que l'homme n'est point un être essentiellement social, et que les arts ne sont bons qu'à le corrompre! Dites encore si celui qui a renoncé au travail utile ou commandé ce renoncement, n'abjure pas sa plus éminente fonction!

La Martinique, si féconde en serpens venimeux, est du petit nombre des îles de l'Amérique qui jouissent de cette dangereuse prérogative. La vaste Saint-Domingue n'en a pas du tout, et de même, je crois, toutes les îles sous le vent; et ce qui me semble encore plus remarquable, c'est qu'il n'y en ait pas à la Guadeloupe. Cette île, si voisine de la Martinique, de Sainte-Lucie, qui partage cette fatale prérogative, est située sous leur vent, où par conséquent, dans une longue succession de siècles, les flots et les vents ont dû les lui communiquer, à l'aide des débris de troncs d'arbres, ou par d'autres moyens, même encore involontairement par les sauvages, dans leurs fréquentes traversées d'une île à l'autre. On assure aussi que des colons, mus par le criminel desir de les y multiplier, en ont inutilement transporté. Qui peut contribuer à protéger ainsi ces îles fortunées contre ce redoutable fléau? On ne saurait guère, ce me semble, l'attribuer qu'à deux causes : ou quelque espèce d'insectes ennemis de ce genre de serpens, qui les attaquent et les détruisent, ou encore quelque espèce de végétaux qui les empoisonnent, et peut-être les font périr par leurs seules émanations. Cette découverte serait d'une grande importance pour l'humanité, et conduirait peut-être à d'autres découvertes. Je ne la présume pas impossible, ni même difficile, attendu surtout le voisinage et le peu d'étendue des îles de la Martinique et de la Guadeloupe. Lorsque de zélés naturalistes, aidés des progrès de la botanique et des autres branches d'histoire naturelle, auront fait scrupuleusement l'histoire des plantes de chacune de ces îles, peut-être découvriront-ils alors dans celles qui se trouvent à la Guadeloupe, et qui manquent à la Martinique, la cause de cette heureuse exception. Un semblable examen pourrait aussi se faire sur les insectes de ces deux îles. Il y existe des fourmis si intrépides et si voraces, qu'elles attaquent et dévorent les plus gros serpens tout vivans : il pourrait s'y en trouver d'une espèce ennemie particulièrement des serpens venimeux.

Un autre fléau, moins effrayant en apparence, mais réellement plus funeste, qui étend ses ravages sur toutes les parties méridionales du continent de l'Amérique, ainsi que sur la surface de toutes les îles, ce sont ces multitudes d'espèces de fourmis, de toutes les formes, de toutes les couleurs, de toutes les proportions. Il y en a d'imperceptibles et de grosses comme le petit doigt; il y en a de noires, de brunes, de roussâtres, de presque rouges, de cendrées, de marbrées et de blanches : quelques-unes, toutes ailées à de certaines époques, s'élèvent en tourbillons dans les airs. Presque toutes vivent en nombreuses peuplades : les unes dans les troncs des arbres, y sont à l'abri des inondations; d'autres se plaisent sur les collines et les lieux élevés, tandis que d'autres espèces préfèrent les vallées et les plaines. Il y en a qui s'enfoncent plus ou moins profondément sous terre, où elles construisent leurs demeures républicaines. Elles vont et viennent par mille issues, fabriquées en chemins couverts. D'autres, au contraire, les élèvent au-dessus de terre en monticules poreux, composés de brandilles de bois pourri, de débris de végétaux. Ces monticules, de quelques autres espèces, sont de terre, quelquefois liés par une espèce de gluten : quelques-uns sont lisses et comme vernis en-dehors, pour être sans doute impénétrables aux pluies et à l'humidité.

La prodigieuse fécondité de ces races si diversifiées cause les plus grands ravages; elles détruisent des champs de maïs, de cannes à sucre; elles attaquent avec la même avidité les arbres, qu'elles font périr, des plantations de cacaotiers, de cafetiers, de cotonniers. Elles assiègent les maisons de toutes parts, montent par des sentiers qu'elles suivent à la file jusqu'au sommet, pénètrent jusque dans les lieux les plus cachés, y dévorent toutes les provisions, fruits, légumes, viandes, en peu de jours et en quelques heures : les armoires les mieux fermées ne leur sont pas impénétrables, pas plus que les garde-mangers les plus isolés. On les voit bientôt descendre en troupe sur la corde de ceux qui sont suspendus. Le seul moyen ici à leur opposer, est d'entourer d'eau l'objet qu'on veut garantir; de placer, par exemple, des vases pleins sous les pieds du meuble où sont les provisions qu'elles attaquent. Cet obstacle ne les arrête pas; elles tentent de le franchir, et s'y noient : d'autres, qui les suivent, en font autant, jusqu'à ce qu'elles y forment des espèces de ponts, où les suivantes passeraient, si on n'avait la précaution de nettoyer ces vases et d'en renouveler l'eau. Elles semblent, dans leur état social, soumises à la maxime qui oblige le particulier à se dévouer au salut de tous. La vie des enfans est même exposée contre leur voracité. On m'a fait voir près du bourg du Lamentin une maison d'un petit habitant que les fourmis avoient forcé d'abandonner. La mère, en rentrant, trouva son enfant dévoré par elles. Elles fouillent jusqu'aux fondemens des maisons, qu'elles feraient crouler, si on n'y portait remède.

Le feu et l'eau ne les détruisent pas, n'arrêtent pas leurs progrès. L'homme n'a pour les vaincre que son activité laborieuse. Qu'il déblaie avec soin toutes les immondices qui avoisinent sa demeure; que tout soit net et aéré autour d'elle; qu'une plus grande propreté règne dans l'intérieur; que les planchers et les murs bouchés, recrépis, empêchent ces multitudes d'autres espèces d'insectes, celle des ravets surtout, d'y pulluler : les fourmis, qui en sont avides, percent tout pour en faire leur pâture. Dans les champs, dans les plantations, elles s'établissent et se propagent partout où de vieux végétaux, se dégradant, leur offrent les moyens de se loger dans leurs troncs ou sous leurs souches, de se nourrir de leurs débris et de ceux des insectes et des reptiles que leur vétusté sert à faire multiplier. Que la charrue et la bêche en remuent alors plus fréquemment et plus profondément la terre ; que l'agriculteur arrache avec vigilance ces végétaux exténués ou ceux que le sol fatigué se refuse à reproduire ; qu'il ne s'obstine plus à trop entasser sur les mêmes lieux les mêmes plantes ; que dans ses champs, la canne à sucre, par exemple, plus espacée, soit entremêlée de lisières de maïs, de patates, qui obligent à diversifier les labours.

La nature, plus énergique pour produire dans les pays chauds, a donné aussi aux races destructives des fourmis plus d'énergie : outre leur espèce plus diversifiée, leur activité, qui n'est jamais ralentie par les frimas et les froids, plusieurs sont douées d'un venin assez puissant pour tuer les végétaux qu'elles attaquent, pour causer des douleurs vives au voyageur qu'elles surprennent, et même, par la piqûre de quelques unes, donner la fièvre. Ce venin est sans doute en elle un moyen pour vaincre avec plus de facilité de plus forts insectes, et ceux des reptiles qu'elles assaillissent avec audace.

Tout périrait sous leurs efforts réunis, végétaux et animaux, si la nature n'avait avec sagesse multiplié le nombre et les facultés admirables de leurs ennemis. D'abord toute la classe des insectes voraces, celle des araignées, des fourmis-lion, leur font de toutes parts une guerre continuelle ; tous les oiseaux granivores sont en même temps insectivores, et plus particulièrement des fourmis. Les diverses espèces de perdrix, de cailles, d'alouettes, poules communes et les poules d'Inde qui vivent en bandes, qui n'aiment point à se percher sur les arbres, qui se plaisent sur les plaines, aiment surtout à se nourrir de cet insecte ; elles grattent la terre pour découvrir leurs nids amoncelés d'*œufs* (1) : les cris des mères invitent leurs petits à s'en nourrir; le coq, par sa voix animée,

---

(1) Je me sers ici de l'expression vulgaire. Tous les naturalistes savent que ces prétendus œufs sont des fourmis dans l'état de nymphes, sous la forme d'un ver enveloppé d'un tissu blanc filé, comme celui des autres insectes. Sous cette forme de ver, lorsque l'insecte est prêt à prendre celle de fourmi, on distingue déjà, à travers la membrane déliée qui le couvre, ses yeux, ses dents, ses antennes étendues sur la poitrine,

rassemble la troupe pour partager sa proie sur les arbres; d'autres oiseaux, diverses espèces de gobe-mouches, des pics à la langue alongée leur font une guerre aussi destructive. Dans les régions tropicales, des espèces de quadrupèdes, désignées sous le nom générique de *fourmillés*, ont reçu une conformation d'organes toute particulière pour les détruire encore plus efficacement.

Ce quadrupède, de la grosseur d'un barbet, couvert d'un poil dur et serré, hérissé en avant, sans doute pour être garanti de leur morsure, ombrage son corps, au milieu de ces brûlantes prairies, par sa longue queue redressée et chargée de longs crins. Chacun de ses pieds, armés de trois forts ongles arqués, le défend contre l'attaque même des tigres, et lui sert à fouiller la terre, à atteindre les plus profondes fourmilières; il y enfonce

---

ses six jambes et les articulations du corps. Les véritables œufs de la fourmi sont extrêmement petits, lisses, luisans. Les mères-fourmis les pondent à la manière des mouches; d'autres fourmis accourent en grand nombre pour les couver, et au bout de quelques jours, il éclot de chacun d'eux un vermisseau de la grosseur d'une mitte.

une trompe longue d'environ deux pieds, d'où, comme d'un étui, sort une langue effilée et arrondie qui, s'alongeant dans les fourmilières est bientôt couverte de ces insectes : animé à l'attaque, il la retire et la replonge successivement, jusqu'à ce qu'il les ait toutes mangées : il se nourrit ainsi, s'engraisse prodigieusement en parcourant les fourmilières. L'homme, dans sa vie sauvage, est encore un des ennemis destructeurs des fourmis. « L'on ne sera point surpris, dit l'auteur de l'Histoire de l'Orénoque, déjà cité (1), que l'ours (le fourmillé qu'il nomme *Osso Hormiquero*) (2) s'engraisse de fourmis ! lorsqu'on saura que les Indiens en font leur nourriture.

---

(1) Tome III, p. 234.

(2) *Ursus formicarius*, parce qu'il ressemble à l'ours, par ses pieds de derrière et par son poil long et hérissé. Il n'a point de dents ; sa langue est repliée dans sa trompe, qui a environ quatre pouces de diamètre au milieu ; ses yeux sont petits et noirs, ses oreilles presque rondes ; sa queue, garnie de crins qui la rendent large d'environ un pied, est longue d'environ deux pieds et demi ; c'est aussi la longueur du corps de l'animal ; les jambes de devant, d'environ un pied de longueur, ont à-peu-près un pouce de plus que celles de derrière ; conformation qui donne à l'animal plus de facilité à fouiller.

Toute la différence qu'il y a entre eux et cet animal, c'est que celui-ci les mange avant qu'elles aient des ailes, au lieu que les Indiens ne s'en repaissent qu'après que les ailes leur sont venues. Dès les premières pluies qui tombent dans les mois d'avril et de mai, après quatre ou six mois de sécheresse, on voit paraître une multitude de fourmis ailées, qui, après avoir pris leur vol, retombent aussitôt à terre par leur propre poids, sans pouvoir s'élever une seconde fois. Elles sont d'une grosseur extraordinaire; de sorte qu'avant d'avoir des ailes, et tandis qu'elles s'occupent à fourrager, elles sont assez fortes pour emporter un grain de maïs, sans que ce fardeau ralentisse leur allure. Elles sont un peu plus grosses lorsque les ailes leurs sont venues, et de la ceinture en bas, elles ne composent qu'un peloton de graisse. Les Indiens les coupent en deux, et lorsqu'ils en ont amassé une quantité suffisante, ils les font frire dans la poêle, où elles cuisent dans leur propre graisse. Ceux qui en ont mangé m'ont assuré qu'elles ne le cèdent point à la meilleure friture. Je n'ai voulu ni les croire, ni m'en assurer par moi-même; mais c'est par-là que les Indiens se vengent des dommages qu'elles leur causent durant l'année. Elles sortent la nuit de leurs fourmilières ; elles se jettent sur le *maïs*, pendant qu'il est encore en herbe, en emportent les feuilles, et le maïs périt. D'autres fois elles se jettent sur la *Juya* (1), la dépouillent de ses feuilles, et les Indiens n'ont plus de récoltes à espérer; car leurs dents sont si vénimeuses, qu'elles font périr toutes les plantes qu'elles touchent, sans en excepter les orangers et les cacaotiers, sans que les Indiens puissent les détruire, ni par l'eau ni par le feu. Il est vrai qu'ils en font périr un grand nombre; mais comme il y en a une multitude immense, ils ont toujours de quoi s'occuper, et il reste assez de fourmis pour leur causer du dommage ».

Je le répète, c'est dans la civilisation, dans cet état qui amène le perfectionnement de l'agriculture, que l'homme devient le plus grand destructeur des races de fourmis, parce que ses travaux diligens et sagement dirigés

―――――――――――――――――――――――

(1) Plante dont les Indiens font de sa graine, pulvérisée et mêlée avec la chaux de coquilles, un si violent sternutatoire, qu'il les enivre et les met en fureur. Ils en font surtout usage pour aller au combat.

ne les rendent plus si nécessaires aux vues de la nature.

Les rats parviennent dans les îles à une grosseur monstrueuse, et multiplient d'une manière effrayante sur ces terres couvertes toute l'année de fruits, de grains, de tant de végétaux dont ils se nourrissent, surtout des cannes à sucres, dont ils sont extrêmement avides. Ainsi ils étendent leurs ravages dans les champs aussi bien que dans les maisons, qu'ils assaillissent de toutes parts; ils les détruiraient, si on n'employait de vieux nègres, et si on ne dressait des chiens pour les chasser. Mais outre les oiseaux carnassiers qui en mangent un grand nombre, les serpens et ces mêmes fourmis sont ceux qui les combattent avec plus d'avantage. Quelques fourmis ont-elles piqué un rat, il s'arrête pour leur faire lâcher prise; dans l'instant, d'autres arrivent sur lui en si grand nombre, l'attaquent sur toutes les parties du corps, avec tant d'ardeur, qu'il périt aussitôt. Ceux des habitans qui, dans la campagne, en sont le plus incommodés, rendent accessibles aux fourmis les lieux où ces animaux commettent leurs dégâts; alors ils sont assurés qu'elles les en débarrassent promptement. On voit comment la nature dirige ses innombrables agens pour conserver les espèces et entretenir l'harmonie générale. A mesure que j'aurai occasion de m'étendre davantage sur les diverses classes d'êtres organisés que produisent ces contrées, je développerai, par des observations plus frappantes encore, ces vues d'économie de la nature.

CHAPITRE XV.

CHAPITRE XV.

Volcans. Montagnes. Leur utilité.

La Martinique, ai-je dit, offre partout des vestiges volcaniques. Des fragmens amoncelés de lave brunâtre ; des débris de pierre-ponce semés çà et là ; des montagnes dont le sommet conserve encore la forme de ses antiques cratères ; des eaux tièdes, chaudes, bouillonnantes ; des tremblemens de terre fréquens ; tout répète que cette île a été autrefois le séjour du feu : sans doute son noyau primitif n'est qu'un produit de volcan recouvert, par une longue succession des temps, de bancs calcaires, de couches animales et végétales ; et toute cette longue file d'îles est également due à des explosions volcaniques. Toutes en offrent également les traces nombreuses dans leurs montagnes cratérisées, et même encore fumantes ; dans leurs eaux thermales, et dans les débris que l'Océan arrache à leurs flancs escarpés.

Toutes paraissent avoir des communications souterraines. Les plus grands tremblemens de terre de la Martinique ont été ressentis à la Guadeloupe, comme ceux de la Guadeloupe à la Martinique. Et peut-être aussi que tous les lieux de la terre volcanisée sous les cercles polaires aussi bien que sous l'équateur se correspondent. Le trop fameux tremblement de terre de Lisbonne, arrivé en 1755, le 1.er novembre, étendit ses secousses au côté opposé de l'Espagne, à Gibraltar, se communiqua au-delà de la Méditerranée, au loin sur les côtes de l'Afrique ; en même temps se prolongea vers le nord du côté de l'Océan, le long des côtes de France et au-delà de la Baltique. Il se fit ressentir à la Martinique même, où la mer, soulevée à trois reprises consécutives, inonda le bourg de la Trinité, c'est-à-dire les côtés de l'île tournés vers l'Europe. Ces si nombreux souterrains, où aboutissent les bouches des volcans, rendraient raison des ramifications des montagnes, qui toutes se tiennent sur la surface de la terre ; expliqueraient comment elles se renouvellent et se rehaussent à mesure que les vents, les pluies et les eaux fluviatiles les dégradent, les abaissent et les aplanissent.

Ce terme où la terre deviendrait toute unie, toute nivelée, serait celui de la désorganisation générale ; car ces montagnes, par la différence de leur élévation et de leur aspect, propagent les végétaux, forment ces réservoirs de glaces et de neiges qui alimentent les sources, amènent ces utiles débordemens pour relever les terres et les engraisser. Ces hauts pitons qui, lors de leur fusion, acquirent par les mélanges de minéraux cette puissance attractive, arrêtent les nues et les rassemblent pour les résoudre en pluies. Ainsi, à la Martinique, plusieurs d'eux et le mont Pelé surtout, au nord-ouest de Saint-Pierre, s'enveloppent à leur sommet d'un chapeau de nuages, renouvellent ces pluies fécondantes qui entretiennent les sources vives, et qui rendent cette île habitable aux hommes et aux animaux. Sans les inégales aspérités des montagnes, les nuées, poussées par les vents, s'arrêteraient rarement sur ces portions de terres isolées au milieu des mers, et les laisseraient dévorées sous l'aplomb des rayons brûlans du soleil. Mais les grands végétaux, dont la nature se plaît à couronner les montagnes, servent bien plus énergiquement à appeler les nues sur leurs sommets, à entretenir autour d'elles et à leurs pieds la moiteur et la fraîcheur. Les feuillages de ces grands arbres qui se balancent dans les airs, garnis de houpes aspirantes, pompent ces vapeurs pour les faire descendre jusqu'aux racines des troncs, ou les laisser retomber autour de leurs tiges ombragées. La fraîcheur de leurs émanations, comprimant l'air, produit sur terre, vers les matinées, ces brises régulières qui portent la vie et la santé autour d'elles.

Mais les parties de l'île de la Martinique, dont la cime des montagnes a été, par d'imprévoyans Européens, dépouillée de leurs forêts ombrageantes, n'ont plus de brises, de pluies, de fontaines et d'abondantes rosées. La nature attristée reproche à l'homme ses dégradations. Différens cantons de Saint-Domingue, dont les mornes ont été pareillement dépouillés de leurs arbres, éprouvent une pareille altération dans l'atmosphère : les choses ont été si loin, qu'il n'y est pas même resté de bois pour les constructions et la cuisine des colons; il fallait qu'ils en achetassent des navigateurs Anglo-Américains. On voit combien est préjudiciable au plan de la nature la destruction de ces forêts; et des simples touffes d'arbres qu'elle fait croître sur le penchant des montagnes, les hommes en sont eux-mêmes les principales victimes. C'est alors une calamité publique. C'est donc aux gouvernemens qu'appartient la surveillance de ces bois, qui intéressent le salut de tous. C'est à eux à déterminer, par de sages réglemens, ce qui doit être vigilamment conservé; et confier cette surveillance à des hommes amis de l'ordre, initiés, j'ose le dire, dans les mystères de la nature.

CHAPITRE XVI.

Divisions intestines de la Colonie de la Martinique.

Lorsque j'arrivai à la Martinique, cette colonie portait dans son sein de dangereux germes de discorde. Plusieurs de ceux qui, pendant la révolution, l'avaient livrée aux Anglais, étaient encore leurs secrets partisans, et osaient même l'être publiquement : en même temps, les déportés par le gouvernement anglais, pour avoir paru à ce gouvernement, pendant son occupation de l'île, trop opposés à ses vues, venaient de rentrer, après les calamités de plusieurs années d'exil. Ils trouvaient leurs propriétés dévastées, leur mobilier volé, leurs maisons et leurs habitations aliénées à vil prix par des baux judiciaires et de dispendieux procès à soutenir pour chasser ces ruineux fermiers. Aigris par ces maux et par la vue des partisans des Anglais, qu'ils accusaient d'en être les principaux auteurs, ils ne respiraient que vengeance: d'autre part, plusieurs de ces colons, surchargés de dettes envers leurs commissionnaires, semblaient desirer que de nouveaux troubles vinssent éteindre ces mêmes dettes, ou du moins les missent à l'abri des poursuites. Alors aussi une sourde fermentation régnait dans la classe des gens de couleur: on devait reviser leurs titres de liberté; ils s'imaginaient voir, dans cette révision, des moyens de vexation pour rejeter les uns dans l'esclavage, et faire racheter aux autres une seconde fois leur liberté par d'effrayans sacrifices. L'établissement de quelques nouveaux droits, quoique légers, étaient encore, pour un grand nombre, un sujet de mécontentement. Dans de telles circonstances, il fallait un gouvernement sage et puissant pour comprimer ces passions opposées et leur imprimer, au besoin, une action uniforme. Le gouverneur, M. Villaret de Joyeuse, jouissait d'une réputation de douceur et de probité propre à remplir ce but; et il l'a en effet rempli, puisque la tranquillité s'est depuis conservée dans l'intérieur de la colonie, pendant qu'elle a été menacée au-dehors par l'ennemi, et qu'elle a même montré une nouvelle énergie pour pouvoir repousser ses attaques.

Si dans la vie privée le pardon des injures est nécessaire, il l'est bien plus dans la vie publique; et lorsque la morale et le salut de la patrie sont alors d'impuissans secours, il n'y a plus de ressource que dans la force; semblables à ces hommes atteints d'accès de frénésie, il faut, pour leur bien, devenir leurs maîtres.

CHAPITRE XVII.

Commencement des hostilités pendant le séjour de l'Auteur à la Martinique. Remarques à ce sujet. Son départ de cette île.

Le 25 prairial, deux frégates anglaises, accompagnées de quelques avisos, s'établirent en croisière au large du mouillage de Saint-Pierre, et prirent, à la vue de la ville, six ou sept petits bâtimens qui venaient des îles voisines. Ces bâtimens appartenaient à des particuliers commerçans et agriculteurs. Un, entre autres, ramenait une famille qui venait de vendre à Sainte-Lucie ou à la Dominique une habitation, et qui en rapportait le prix et tout ce qu'elle possédait. Ainsi, dans un instant, le chef de cette famille perdit le fruit de vingt-cinq ou trente ans de travaux et d'économie; il se vit, lui, sa femme et ses enfans, sans autres habits pour se vêtir que ce qu'ils avaient sur le corps ; et déposés sur la terre voisine, ils ne savaient même plus où trouver de quoi subsister. Qu'allait devenir cette famille ? et pourquoi le premier fléau de la guerre tombe-t-il tout entier sur elle ? Si elle-même fait partie de la grande famille, doit-elle plus en supporter le poids que les autres ? Ne devrait-elle pas, dans le cas d'une perte particulière, être indemnisée par la société entière, qui doit la protéger et la garantir ? Quand cette sublime théorie sera-t-elle scrupuleusement mise en pratique ? Oh ! combien sera grande et puissante la nation qui l'écrira, non pas dans le code de ses lois, mais dans le cœur de tous ses citoyens ! Encore peu d'années, les enfans de cette famille allaient, chacun en particulier, former des établissemens, défricher des terres, faire naître des denrées, et augmenter, en faveur du commerce, leur consommation. Ces denrées, ces consommations, auraient été avantageuses non-seulement à leur pays, à leur métropole, mais encore à l'ennemi même ; car les nations ont beau vouloir, par orgueil, par avarice, s'efforcer de s'isoler les unes des autres, elles ne sont riches, elles ne sont florissantes que parce qu'elles sont avoisinées de nations riches et florissantes.

Elles ne peuvent acheter ce qui leur manque, que parce que d'autres nations le font produire pour elles ; elles ne peuvent vendre ce qu'elles ont de trop, que parce que d'autres nations sont assez riches pour l'acheter ; et plus ces nations-ci seront riches, plus les autres pourront vendre chèrement : où beaucoup d'hommes travaillent et activent l'industrie, là beaucoup d'hommes peuvent mieux faire leurs affaires. Il en est de même des nations entre elles.

La ruine de cette famille était donc encore une calamité pour l'ennemi même. Que vont devenir ses richesses, qui allaient se décupler dans ses mains? Ceux qui les ont envahies par le droit de la guerre iront, sur la première plage, consumer la plus grande partie dans les excès de l'ivresse et des femmes, qui, sans doute, abrégeront leurs jours au lieu de les conserver. L'autre partie, destinée pour ces capitalistes qui spéculent sur la ruine des hommes utiles, sera de nouveau employée à des armemens de courses, c'est-à-dire, à construire d'autres navires, à les charger de canons, à y employer des hommes qui étendent la destruction. La guerre est donc toujours un fléau pour le vaincu et pour le vainqueur ; c'est une flamme qui dévore les richesses existantes, et qui en empêche de plus grandes de renaître.

Il serait du moins à desirer que ce fléau respectât sur mer les propriétés du commerçant cosmopolite, comme elle doit respecter sur terre celle du paisible agriculteur. Mais quand les guerres cessent de toucher immédiatement aux intérêts des particuliers, elles cessent bientôt d'être guerres nationales; et quand un état peut avoir des guerres qui ne sont pas nationales, il est bientôt faible.

La Martinique est, pour ainsi dire, la métropole des îles du vent; son voisinage de la Dominique et des autres îles anglaises, peuplées dans cette partie d'un assez grand nombre de Français accoutumés à nos denrées, et surtout à nos vins (1), en fait un entrepôt

---

(1) L'intérêt de la France a toujours été, et sera toujours de tout sacrifier pour étendre les débouchés des productions de son sol. Jamais les exportations de ses plus belles fabriques n'équivaudront à celles du produit du coin d'une de ses provinces. Le canton de Medoc peut lui seul produire plus de rentrée à la France, que cinquante des meilleures fabriques. C'est pour n'être point assez pénétré de ce principe, que l'ancien gouvernement, mauvais copiste des Anglais

considérable. Ainsi la guerre, dans les circonstances que je viens d'indiquer, devenait pour elle doublement désastreuse.

Cette guerre me mit moi-même dans un

---

et des Hollandais, semblait oublier les intérêts de son agriculture, pour être tout entier à multiplier le nombre de ses fabricans.

Dès 1703, les Anglais, par suite de leur traité avec le Portugal, diminuèrent les droits d'entrée de vin de Portugal, d'un tiers au-dessous de celui de France ; mais l'habitude des Anglais d'user de nos vins, plus forte alors que leur prohibition, n'empêchait pas qu'ils ne continuassent d'en faire une très-grande consommation ; elle était telle dans les colonies, que leurs bâtimens en enlevaient clandestinement nuit et jour une si grande quantité dans la rade de Saint-Pierre ; que le prix en devenait exorbitant. Les colons de la Martinique multiplièrent leurs plaintes auprès du gouvernement français, sur le prix exorbitant qui leur était onéreux. Le gouvernement français, au lieu d'encourager, par tous les moyens possibles, le transport de ces vins dans ses colonies, et d'entretenir, par un prix raisonnable, le goût des Anglais pour eux, laissa aller les choses comme elles purent. On prit de fausses mesures, et peu à peu les Anglais se sont déshabitués de l'usage de nos vins, et enfin ont fini par changer de goût ; maintenant ils préfèrent les mauvais vins de Portugal : exemple remarquable, et qui mérite la plus grande méditation des hommes d'état.

étrange embarras ; je l'avais pressentie, et ce motif m'avait fait desirer de hâter mon départ pour la Louisiane. Le défaut d'occasion m'avait jusqu'alors retenu dans cette colonie. Quelques jours seulement auparavant, je fus instruit qu'un brick sous pavillon américain se disposait à aller à la Louisiane. Je m'arrangeai avec l'armateur, qui devait être du voyage. Je le payai moitié comptant; et comme nous devions partir sous quatre à cinq jours, je me hâtai de faire embarquer mes effets. Et c'est le jour même où ils venaient d'être embarqués, où je quittais mon logement, où je n'avais plus rien à terre qui me retînt; c'est ce jour-là que nous allions mettre à la voile, que du haut de la batterie Hainau, je fus moi-même témoin des premières hostilités; je vis les prises que les frégates anglaises amenaient : c'étaient ces petits bâtimens français qui rentraient sans précaution et avec sécurité. Au même moment, un embargo général sur toute la rade m'ôta encore l'espoir de partir, et me laissa dans la cruelle incertitude de savoir quand je le pourrais. Cependant l'armateur était créole de la Martinique, quoique naturalisé Américain. Il avait eu à la douane une place assez subalterne, qu'on l'avait obligé de quitter : et avait su la faire valoir si pécunieusement, qu'en quinze à dix-huit mois il y avait gagné de quoi acheter un brick et le fréter. Cela suppose un homme qui entend ses affaires, et qui ne manque pas d'adresse. En effet, il employa si heureusement ses talens, qu'il obtint, pour le jour même, la levée de l'embargo en faveur de son brick : et après le coucher du soleil, autant vaut dire à la nuit, puisque le crépuscule est si court dans ces contrées, nous mîmes à la voile, non sans inquiétude. Il fallait passer tout près d'une de ces frégates anglaises, qui pouvait nous chicaner sur cet armateur à physionomie française, sur une cargaison toute française, sur des passagers tous Français, pour une destination qui devait être considérée comme française. La meilleure solution à toutes ces questions, fut que nous passâmes sans être aperçus.

CHAPITRE XVIII.

Route vers Porto-Rico. Observations sur cette île.

Le vent de terre, plus frais à la chute du jour, nous porta promptement au large, et nous voguâmes toute la nuit à pleines voiles, sous la direction des vents alisés. Le lendemain 30, bon vent; aucune rencontre, qu'un navire à trois mâts en avant de nous, ayant toutes ses voiles dehors, et que notre apparition sembla rendre plus pressé à quitter notre route. Le surlendemain, nous découvrîmes, à notre grand étonnement, l'île Sainte-Croix, possession danoise, offrant, à son centre, des montagnes à vives arêtes, comme celles de la Martinique: il faut que les courans soient bien rapides vers ses côtes, car nous ne comptions la voir que le jour suivant. Cette île est située par le 17.ᵉ degré 36 minutes latitude nord; sa longueur est tout au plus de neuf lieues sur une largeur inégale. Elle avait d'abord appartenu aux Français qui s'y étaient établis:

ils

ils y avaient des sucreries et d'autres habitations. La mauvaise administration des chefs ruina ses colons, en les forçant de l'abandonner lorsqu'ils commençaient à prospérer. Elle n'a plus servi pendant long-temps que de lieu de chasse, où des flibustiers et de petits bâtimens allaient s'approvisionner de bœufs, de cochons, de cabris et de volailles, qu'auparavant les Français y avaient laissés, et qui s'y étaient multipliés avec profusion. Enfin, les Français la cédèrent aux Danois, au commencement du règne de Louis xv ; époque cependant où tant de malheureux en France auraient pu y trouver l'aisance et les moyens de devenir utiles à leur patrie : ce qui le prouve, c'est que, dans les mains des Danois, si inférieurs en agriculture aux Français, elle est devenue un fort bon établissement.

Nous découvrîmes bientôt *Porto-Rico*, située à huit ou dix lieues seulement, sous le vent, de Sainte-Croix. C'est une grande et belle île ; elle a quarante lieues du levant au couchant, et vingt du nord au sud. Son port spacieux, qui a donné son nom à la ville, est sous le 18.ᵉ degré 17 minutes latitude nord. Christophe Colomb la découvrit en 1493. Comme les autres îles, elle est hérissée de hautes montagnes, mais plus espacées, qui laissent dans leurs intervalles des collines, des vallées et des plaines fertiles : tout y croît à souhait. Cependant cette colonie, un des premiers établissemens des Européens, est restée dans l'enfance. Quelle en est la cause ? Voici à ce sujet des renseignemens dont je garantis l'authenticité, par les soins avec lesquels je les ai recueillis, et par les différens rapports que j'ai comparés.

L'île Porto-Rico est encore peu habitée, malgré l'ancienneté de ses établissemens, la bonté de son sol et la commodité de son port. Les habitations, isolées et dispersées sur la surface de cette île, y manquent de communications. La nature a privé cette île de rivières navigables, et l'indolence de ses habitans et de ceux qui la gouvernent la laisse encore sans routes de communication. Il ne faudrait cependant pas couper des montagnes, élever des vallées, combler des marais; mais simplement abattre ces grands et vigoureux arbres qui témoignent la richesse du sol, et les ranger de chaque côté. Au défaut de ces utiles et faciles travaux que les industrieux Américains exécutent partout d'eux-mêmes dans leurs plus agrestes contrées, il faut péniblement et dispendieusement transporter toutes les denrées sur des bêtes de somme. On sent que, dans cet état de choses, l'habitant ne saurait vendre les productions de sa terre, ni se procurer en échange les objets qui lui sont nécessaires : il est donc condamné à une décourageante pauvreté. La colonie reste ainsi inculte. Ce qui contribue principalement à cet état de choses, trop ordinaire dans presque toutes les colonies espagnoles : ce sont d'abord ces trop vastes concessions faites par le gouvernement à des particuliers qui n'ont ni la volonté, ni la capacité, ni les moyens de les mettre en valeur. Presque toutes les terres de Porto-Rico ont des maîtres, et presque aucune n'a de bras pour les cultiver. En agriculture comme dans tous les arts, il faut que les hommes soient rapprochés pour s'encourager et s'entr'aider ; ils languissent et s'abâtardissent dans un trop grand isolement. La vue de ces grandes propriétés, qu'ils n'ont pas l'espoir de jamais défricher, les décourage, et ils n'osent pas même tenter de commencer. Aussi à Porto-Rico, les habitans y défrichent à peine quelques lisières de terres pour des plants de bananiers, dont le fruit est leur pain ordinaire ; ils n'ont de cannes à sucre, que ce qu'il leur en faut pour en fabriquer un sirop qui leur tient lieu de sucre; quelques moulins construits çà et là servent à tous pour broyer leurs cannes. Les arbres à café y deviennent de la plus haute taille; mais aussi peu soignés que les cannes à sucre, il s'en faut bien qu'ils en récoltent tout ce qu'ils pourraient produire. Le café est à-peu-près la seule des denrées européennes, exportée de cette île en échange ; et la négligence des habitans est telle, qu'il en est peu qui aient des clos pour y enfermer leurs bêtes domestiques; ils sont obligés, pour préserver leurs plants de bananes et de sucre, de les tenir continuellement au piquet. On sent combien ce régime dérange dans le jour les habitans de leur travail, et combien en même temps il est préjudiciable à leurs animaux. C'est, dans cette colonie, beaucoup pour un habitant d'avoir quatre à cinq nègres; et pour le produit, c'est bien peu quand le maître et sa famille ne sont pas vigilans. Ils nourrissent, il est vrai, abondamment du bétail, et cependant la ville de Porto-Rico est une des villes du monde où l'on mange la plus détestable viande, par un réglement vexatoire qui, prétextant l'avantage du pauvre, propage la pauvreté.

Chaque habitant doit fournir alternativement, pour la consommation de la ville, une certaine quantité de viande : elle lui est payée à un prix si modique, qu'on en donne en détail la valeur de deux livres pour un picaillon (six sous un liard). Ces habitans ne livrent alors que leurs plus chétives bêtes, et vendent secrètement ce qu'ils ont de meilleur aux Anglais, aux Américains et autres qui abordent en contrebande les côtes. Mais cette viande, acquise à si vil prix pour les besoins de la ville, se dépèce de cette manière : d'abord la provision du gouverneur, puis celle des officiers, puis celle de l'évêque, puis du clergé, puis des moines ; après les hôpitaux, les soldats, enfin les habitans. Les Catalans, cette plus utile portion des citoyens, puisque c'est la plus laborieuse, sont servis les derniers, même après les nègres employés par le gouvernement. La manière sale dont cette viande est partagée, sur la terre, par des nègres, la rend encore plus dégoûtante.

La ville de Porto-Rico devrait, dans les circonstances présentes, appeler beaucoup d'étrangers ; mais la politique intéressée du gouverneur n'y souffre aucun commerçant étranger ; un seul Français est toléré, parce que ses opérations sont liées avec celles du commandant. On voit d'un coup-d'œil toutes les fâcheuses conséquences d'un tel régime pour le bien public et pour le bien particulier : partout où les gouvernemens veulent se mêler de ce qui peut être fait par les particuliers, les abus se multiplient et la misère fait des progrès.

Le gouvernement espagnol est peut-être celui de toute la terre le plus paternel ; il n'en est pas qui donne autant à ses sujets, qui cherche autant à les soulager, soit dans leurs entreprises, soit dans leur adversité ; il n'en est pas cependant qui ait plus de pauvres. Voulant toujours donner, il est obligé de tout faire: ces trésors qu'il répand, passant par les mains des subordonnés, y restent en partie, et deviennent pour eux des émolumens qu'ils regardent comme attachés à leurs places ; de là ces innombrables dilapidations. Ces subordonnés, distributeurs ordinaires des bienfaits du monarque, acquièrent une autorité arbitraire dont trop souvent ils abusent. Les gouvernés sont d'autant plus vexés, qu'ils paraissent recevoir davantage, et que leurs réclamations prennent l'apparence de l'ingratitude.

CHAPITRE XIX.

Arrivée de l'Auteur à Saint-Domingue. Description de cette ville, fondée par Christophe Colomb : de son territoire, des ressources de sa situation. Idées de l'Auteur sur les Moyens de rétablir cette Colonie.

———

LE mercredi 22 juin, nous nous trouvâmes à la vue de Saint-Domingue, laissant toujours ces îles à notre droite. Ainsi nous cotoyâmes d'abord la partie ci-devant espagnole : que d'immenses plaines nous découvrions ! Ses montagnes ne se présentaient que de loin en loin comme pour varier le paysage. La terre, peu élevée au-dessus de la mer, nous laissait contempler à l'aise les richesses végétales de ce pays inculte, qui aurait dû être couvert d'une population nombreuse. Mais, ô souvenirs affligeans! cette suberbe reine des colonies, l'orgueil des Français, n'offre plus que le spectacle de la désolation et de la mort!

de toutes parts le sang des hommes coule ; le feu a dévoré ces opulentes villes, ces fécondes plantations qui naguères répandaient tant d'utiles richesses dans notre Europe ! Je crois entendre les hurlemens de ces Cannibales qui s'entre-dévorent ; je crois voir ces profondes fosses où l'inexorable vainqueur précipite les vaincus, et ces nouvelles tortures qu'invente la rage sans pouvoir s'assouvir ! Qui répétera aux races futures les innombrables crimes encore inouis dont cette terre est souillée ; ces forfaits qu'à l'envi commettent des esclaves abrutis, aux prises avec de sanguinaires maîtres ? quelle main osera en retracer le fidèle tableau pour l'instruction des races futures ? Hélas ! ce que l'antiquité barbare, ce que Rome dans ses jours de dissolution, ce que les peuples les plus corrompus n'ont jamais osé faire en dilapidations, en débauches, en férocité, en destruction, se reproduit tout à-la-fois, dans le plus monstrueux mélange, sur la malheureuse St.-Domingue, sur cette terre que la nature a parée à l'envi de ses plus précieux attraits, de ses plus riches dons ; où elle semblait vouloir fixer le bonheur de l'homme, puisqu'elle avait interdit ces lieux mêmes aux animaux venimeux. O colons ! vous avez voulu avoir des esclaves; vous les avez abrutis, et ils vous ont corrompus ! voilà la source de vos maux, la source de leurs crimes et des vôtres. Nous trouvâmes sur notre passage San-Domingo, capitale, comme on sait, de la partie espagnole, et nous devions nous y arrêter. Nous ne tardâmes pas à voir sa large baie, dont l'entrée si évasée forme plutôt une anse. En y entrant, nous découvrîmes la ville construite sur une espèce de cap, élevée en amphithéâtre : bientôt nous distinguâmes ses maisons, ses églises et ses nombreux édifices publics entremêlés de touffes d'arbres.

Le contour de la baie offre de toutes parts des récifs où la mer écumante jaillit en vapeurs à trente ou quarante pieds, ce que dans le lointain nous prenions pour des voiles de bateaux. L'entrée du port, formée par la rivière *Ozama*, est resserrée des deux côtés par des roches nues que frappent les vagues en mugissant. Nous ne les dépassâmes pas sans effroi, ayant inutilement attendu un pilote. Sous les batteries, on nous demanda tout à-la-fois, à l'aide du porte-voix, en français, en anglais, en espagnol, d'où nous venions, où nous allions; et nous mouillâmes. C'était en face de la ville, d'où nous n'étions qu'à une portée de pistolet. Elle est élevée pittoresquement sur une masse de rochers caverneux, d'où pendent en larges draperies des touffes de liane d'une fraîche verdure. Plusieurs rangs de batteries établies çà et là ajoutent à ces contrastes du tableau. La rivière, peu large, profondément encaissée, fuit en détours sous les sombres bois qui la bordent. Sur l'autre rive, comme exprès, en face de la ville, s'élargit un agreste vallon, d'où s'élèvent à travers des plants verdoyans de bananiers, des groupes de hauts palmiers au tronc nu et grisâtre, couronnés, sans branches, de touffes de feuilles déployées en éventails rayonnans. Les environs de la ville, incultes, sa plage déserte, l'air de vétusté de ses forts et de ses murs, et une espèce de château inhabité et demi en ruine, répandaient une teinte mélancolique sur tous ces objets.

Nous avions à peine jeté l'ancre, que nous fûmes instruits qu'un embargo qui retenait depuis un mois tous les navires, allait aussi nous retenir pour un temps indéfini. L'audience du préfet maritime ajouta encore à nos incertitudes; nous desirions d'autant plus vivement partir, qu'on ne savait pas encore à San-Domingo le commencement des hostilités. Le gouvernement l'ignorait aussi : il nous importait donc extrêmement de partir au plutôt, pour n'être pas arrêtés en route, et pour arriver à la Louisiane même avant qu'on le sût. Cette nouvelle, qui ne tarda pas à se répandre, devait probablement contribuer à faire prolonger l'embargo. Nous convînmes tous, à cet effet, de garder le plus rigoureux silence, nous y avions tous intérêt. Mais il pouvait y avoir de graves inconvéniens à cacher une nouvelle si importante au gouvernement. Nous lui en fîmes l'aveu. Cet aveu, au lieu de nous nuire, contribua à nous faire obtenir la permission de sortir quelques jours après, avant même des navires qui, depuis un mois, sollicitaient leur départ.

Je profitai de ce séjour pour visiter la ville et ses environs. Cette nouvelle propriété française intéresse d'autant plus, que San-Dominguo a été bâtie par Christophe Colomb en 1494. Son site, sa distribution font également honneur au génie de ce grand homme. Placée, comme je l'ai dit, sur un cap élevé qui domine la mer du côté du sud-ouest, elle est en même-temps baignée à l'est par l'embouchure de la rivière Ozama, dont le lit étroit, mais profond, peut prolonger un port d'autant plus sûr, que cette rivière est bordée de coteaux, élevée et défendue à son entrée par des rochers comme avancés en vedettes. La situation de cette ville, élevée sur un plateau de rochers, lui donne les inestimables avantages d'être en tout temps ravivée par des vents frais. Les forts qui l'entourent du côté de la mer et du port, à mi-côte ou au niveau du sol de la ville, n'ont pas exigé que de hauts murs interceptassent l'air, et ce n'est qu'au nord-ouest où la ville, tenant à la terre, se trouve masquée par un rempart élevé de dix-huit à vingt pieds. Les rues, larges et alignées, se coupent à angles droits. Ainsi les extrémités des unes aboutissent vers la rivière, qui est le port; et celles des autres vers la mer, que l'on découvre d'autant mieux de loin, que le terrain s'incline un peu, et que les remparts peu élevés ne dérobent pas l'effet de ce tableau, qui est des plus agréables. Les maisons, bâties en pierres ou en briques, sont régulières et peu élevées, et d'une distribution bien entendue pour ces climats. De grandes fenêtres sur la rue sont, à la manière espagnole, grillées de barreaux de fer saillans en-dehors ; toutes ont des cours, des jardins et des espèces de galeries du côté de la cour. Des places ont été ménagées avec soin devant les édifices publics. Celle de la cathédrale, la plus grande, est en partie décorée de maisons régulières. On se doute bien que les églises et les cloîtres n'y manquent pas; ils y sont en bien plus grand nombre que ne le comporte l'étendue de la ville. Ce qui est remarquable, c'est que ces rues sont bordées de trottoirs construits en brique. Colomb voulait peupler sa ville d'industrieux habitans, plutôt que de fastueux riches; car les rues n'y sont pas même pavées.

Le mur qui ferme la ville au nord, est assez épais pour avoir, dans toute sa longueur, un large trottoir sur lequel s'élève un petit mur crénelé : il sert à établir la communication entre tous les forts de cette partie, destinés à défendre la ville du côté de la terre.

Les côtes de la mer et du port sont garnies de batteries hautes et basses, qui se croisent dans toutes les directions. L'entrée du port est si resserrée, qu'il n'a pas été nécessaire d'établir des batteries à la rive opposée. Tout le contour de la ville est, sur mer et sur le port, hérissé de rochers aigus et caverneux, formant seuls de redoutables défenses contre les téméraires navigateurs qui voudraient les approcher. En suivant la côte maritime au sudouest, à une demi-lieue, se trouve un fort isolé garni de batteries, afin d'empêcher les débarquemens vers cette partie de la côte plus abaissée et par conséquent plus accessible. Les fortifications de Santo-Domingo, construites à différentes époques, ont dû coûter des sommes immenses.

Le territoire des environs de la ville n'est pas, à ce qu'on prétend, très-bon : cependant j'y ai remarqué des arbres de la plus grande beauté, par leur élévation et l'étendue de leurs rameaux. Le bois qui borde la rivière, sur un site incliné, n'est pas grand, mais il est touffu et vivace : quel délice de le parcourir toujours à l'ombre, de pouvoir s'y reposer partout, sans craindre d'animaux venimeux, d'y contempler ce feuillage d'un vert animé et luisant, entremêlé de fleurs et de baies écarlate que d'inombrables oiseaux viennent par troupes picorer; ces diverses espèces de palmiers au tronc et au port si pittoresque; tant d'autres végétaux dont les feuilles, les fleurs, les siliques, les fruits sont inconnus à l'Européen ! Hélas ! sous une cabane que quelques feuilles suffiraient pour couvrir solidement, l'homme pourrait trouver l'abri ; autour de lui ; la nourrissante banane, qui croît si vîte sans soin; l'igname, la patate, le manioc, ces plantes qui peuplent tant la terre de leurs bulbes farineuses, suffiraient à ses besoins. Là cependant il s'est rendu plus malheureux et plus criminel que sous ces âpres climats où sans cesse en guerre contre les élémens, il ne reçoit les dons de la terre qu'après l'avoir long-temps fatiguée de ses soins.

Les habitations closes avec la raquette épineuse, l'*opuntia*, qui croît si facilement, et forme une si redoutable défense, aux nègres principalement, sont partout négligées; on voit, à travers les épines et les mauvaises herbes, l'oranger chargé de ses beaux fruits; l'avocat, ce grand arbre dont le fruit est si agréable, les branches pendantes du corosolier au fruit aqueux si salubre : les hommes veulent y être pauvres en dépit de la nature. Sur ce site élevé on éprouve toujours un air délicieusement frais. Je me promenais hors de la ville, sous une grande avenue d'arbres plantée d'une seule rangée, tant les rameaux en sont spacieux; l'air y était si frais à midi, que par intervalles je regagnais le soleil, dans la crainte que cette fraîcheur ne me fût nuisible. En revenant et en descendant la côte vers la rivière, on voit une fontaine où je me suis plu à me désaltérer. Elle avait été construite par Christophe Colomb. Long-temps en ruine, elle venait d'être réparée, et c'était, ô bizarrerie du sort! par les soins du fameux Toussaint Louverture, lorsque, maître de cette ville, il rendait barbarement aux blancs les outrages dont ils avaient couvert sa race. Le terrain des environs de la ville pourrait être propre à toutes sortes de productions, mais principalement à celle du café et du coton : les fruits du pays y sont délicieux et beaucoup plus beaux qu'à la Martinique. Les pâturages y sont tels, que j'y ai vu des vaches aussi belles et aussi grasses que dans nos contrées de l'Europe. Le poisson y est extrêmement abondant. La rivière Ozama reçoit plusieurs rivières navigables qui remontent au loin, à travers des contrées fécondes. Ainsi l'Ozama, bien encaissée dans son lit, peut amener, à peu de frais, les bois de toutes espèces que produisent les immenses forêts de l'intérieur. L'acajou surtout, devenu si précieux au luxe européen, formerait une branche immense de commerce; le coton, le café, l'indigo, le sucre, le cacao, viendraient de ces différentes

rivières

rivières s'échanger à Saint-Domingue contre les produits de la culture et de l'industrie européenne.

Que d'honorables et d'utiles spéculations se présentent de toutes parts à l'homme actif et industrieux ! des millions d'acres de terre que l'inactif espagnol aurait pu mettre en culture depuis trois siècles, y sont au plus vil prix, même celles près des murs de la ville. Un particulier en possède actuellement plusieurs centaines de milliers d'arpens, qui ne lui reviennent pas d'achat à plus de dix sols l'arpent, et que dans ce moment il céderoit en détail à moins de cinq francs. La ville offre de spacieuses maisons pour habitations et pour magasins; elle peut s'accroître tant qu'on le desirera, sans cesser d'être saine et défensible. Mais avant de penser à établir cette partie de la grande île de Saint-Domingue, ne faut-il pas détruire jusqu'au dernier noir sur la partie française? autrement il n'y auroit jamais sûreté pour cette nouvelle colonie? Tel est le langage des anciens colons de Saint-Domingue, aigris par le malheur et inspirés par des préjugés. Qu'il me soit permis de présenter d'autres idées sur un objet d'un si grand intérêt pour ma patrie; si je me trompe, mon erreur du moins n'aura coûté ni larmes ni sang.

Avant d'exterminer jusqu'au dernier noir de l'ancienne Saint-Domingue, a-t-on supputé ce qu'il en coûtera d'hommes et de trésors? Quand ces noirs seront détruits, il faut d'autres dépenses pour en faire venir de nouveaux qui ne se formeront que lentement et dispendieusement : il faut reconstruire ces villes, ces habitations, ces usines dévorées par les flammes; il faut défricher de nouveau et replanter ces terres autrefois couvertes de cannes, de coton et d'indigo, de cacaotiers, de cafétiers. Avec ces incalculables dépenses d'hommes et d'argent, combien d'autres colonies n'établirez-vous pas ! et avant que vous ayez pu commencer seulement à réédifier l'ancienne Saint-Domingue, d'autres nouvelles colonies seront déjà en pleine activité, et déjà seront productives.

Dans la nouvelle colonie de Saint-Domingue, pourquoi ne vous borneriez-vous pas à un état défensif envers les noirs insurgés ? Votre nouvelle colonie s'accroissant rapidement, acquerrait chaque jour des moyens de défense ; et les noirs, qui se verraient tranquilles de notre côté, ne tarderaient pas à avoir entre eux des divisions qui les affaibliraient; assurés de n'avoir rien à craindre de vous, ils n'auraient pas intérêt de faire une guerre hostile bien plus désavantageuse pour eux que la guerre défensive. Des trêves et des paix établiraient peu à peu avec eux des relations commerciales qui seraient toutes à notre avantage. Ces relations le seraient d'autant plus, que nous nous serions réservé l'entrée exclusive des ports. Alors les deux parties de Saint-Domingue concourraient à être utiles à la métropole, sans perte de temps, sans dépenses et sans effusion de sang. Les nègres libres ont conservé les habitudes et le goût pour nos productions, et même nos modes. Ce plan, dont l'humanité et l'économie sont la base, est en même temps le plus sûr. Où en serions-nous, si les maladies et les fatigues y dévoraient encore infructueusement nos armées?

L'établissement des Français à Saint-Domingue commença, comme à Saint-Christophe et à la Martinique, par des aventuriers qui, vers 1638, après avoir couru sur les mers, se fixèrent au nord de cette île, et principalement sur la petite île de la Tortue, éloignée seulement de deux lieues de cette partie de

Saint-Domingue. Chasseurs boucaniers, c'est-à-dire faisant, à l'exemple des sauvages, fumer ou *boucaner* les viandes de leur chasse, pour les conserver, ils devinrent bientôt agriculteurs; ils défrichèrent, et ils plantèrent du tabac que les Hollandais surtout recherchèrent, et ils cultivèrent ensuite le coton, l'indigo, le rocou. Les bénéfices qu'ils faisaient grossirent le nombre de ces aventuriers. Au milieu de leurs chasses et de leurs travaux, ils avaient cependant à soutenir des guerres terribles contre les Espagnols qui les traitaient en forbans. La réputation de leur fortune attira près d'eux d'autres Européens. Ceux-ci trop pauvres pour payer leurs passages, s'engageaient pendant trois ans et plus, afin de s'acquitter : de là leur vint la dénomination d'*engagés* ou de 36 *mois*, à l'expiration de leurs engagemens, ils redevenaient à leur tour des habitans. C'est par de tels moyens que se formèrent les colonies françaises, et particulièrement celle de Saint-Domingue; et lorsque le gouvernement prit part à cet établissement, ce fut plutôt pour lui nuire par des impôts, par des monopoles, par des actes de tyrannie, que pour les protéger. Ces hommes, aussi intrépides qu'ardens au travail, se passoient alors d'esclaves : ils leur auraient nui, quand même ils n'auraient pu servir à les énerver.

Si, dans ces circonstances difficiles, des Français ont seuls fondé, défendu, défriché, cultivé la colonie de Saint-Domingue, pourquoi des Français seuls ne la rétabliraient-ils pas aujourd'hui, lorsqu'ils ont moins d'obstacles à vaincre, lorsqu'ils auront de la mère-patrie des secours de vivres, de munitions, de guerriers. Et pourquoi ne répandrait-on pas sur cette nouvelle Saint-Domingue de robustes paysans, qui, en se multipliant, multiplieraient des bras laborieux ? alors qu'aurait à craindre cette colonie et des noirs insurgés et des ennemis du dehors ? Du moins que des cantons leur soient assignés, afin de comparer avec les établissemens habités par des esclaves leurs avantages et leurs inconvéniens respectifs.

CHAPITRE XX.

Causes qui ont principalement nui à cette Colonie espagnole. Politique sage des Espagnols, relativement aux gens de couleur.

J'ai dit qu'on voyait à San-Domingo dominer sur le port, en face de ce gracieux vallon, un château inhabité, entouré de décombres et d'épines. J'y suis entré, je l'ai parcouru, je me suis assis sur ses ruines. Ah! c'était la demeure, m'a-t-on répété, de Christophe Colomb. Là, il méditait encore de nouveaux projets pour le bonheur des hommes; là, le fondateur de cette ville, qui sut choisir avec sagesse un lieu si favorable au commerce, si facile à défendre, si salubre, sut distribuer sa ville naissante sur un plan digne du siècle des arts et des lumières : éloignant ce qu'ils ont de fastueux et d'inutile, il embrassa tout ce qui put faire chérir sa cité à ses nouveaux colons,

et la rendre florissante pour les races futures.
Eh quoi! cette demeure, que l'antiquité eût
changée en un temple, est maintenant délaissée
et dégradée! et tout ce qui depuis trois siècles
a respiré ici lui a dû l'existence et le bonheur!
Pas un seul animé par la reconnaissance,
même de ceux qu'enorgueillit son nom, qui
jouissent ici de la gloire et des trésors que
Colomb leur avait acquis; pas un n'est venu
porter une main réparatrice sur ce monument! Du moins encore si ces débris immondes, si ces insalubres plantes en avaient
été écartées, et que de vivaces jasmins en longues tresses eussent couvert ces vénérables
vestiges, en venant y respirer la suave odeur
de leurs fleurs, on s'y plairait à se rappeler
les bienfaits de celui qui fit la plus grande,
la plus utile découverte pour le genre humain, celle d'un nouveau monde à cultiver
et à peupler. Il me semble voir son génie
errer sur ces décombres, accusant d'ingratitude et la ville qu'il a créée, et la nation qu'il
a enrichie, et tous les hommes dont il a augmenté le domaine. Français, bientôt vos
mains généreuses répareront l'outrage des
ans et l'ingratitude des hommes.

Les trophées dont vous l'entourez rediront

qui fut l'auteur de ce monument mémorable; à sa vue, le navigateur transporté mêlera à ses cris d'alégresse le bruit résonnant de la fonte et de l'airain; et ces rochers caverneux répéteront au loin ces témoignages de la joie reconnaissante.

Un jour aussi sur ce frais vallon, où tant de fois les regards de Colomb se sont arrêtés complaisamment, des fêtes rassembleront de toutes parts les hommes pour chanter les merveilles de la navigation; non de celle qui porte la destruction et la mort, mais de celle qui peuple la terre d'hommes et de productions utiles; de celle, enfin, que le génie de Colomb avait eue en vue dans ses travaux.

On se demande pourquoi San-Domingo, fondé depuis trois siècles, capitale d'une si grande colonie, peuplé de familles riches, d'officiers, de magistrats, de prêtres, de moines qui y répandaient leurs richesses, réunissant tant d'avantages, ne s'est point accru, ou plutôt a dépéri. C'est que les villes, malgré les secours et le faste de leurs gouvernemens, ont toujours une existence précaire, quand leur opulence n'est point alimentée par l'agriculture, quand elles n'ont point pour principal objet de faire exporter les denrées que l'agriculteur a de trop, et de lui faire importer ou fabriquer ce dont il a besoin ; enrichissant et peuplant l'agriculture, elles s'enrichissent et se peuplent par elle. L'art d'agrandir les villes, et de les faire prospérer, n'est donc pas comme trop de gouvernemens l'ont voulu de les charger de somptueux édifices, d'y appeler le luxe, les plaisirs, les arts mêmes, mais de les entourer de bras laborieux qui, fécondant la terre, ont beaucoup à donner, pour avoir beaucoup en échange. C'est ce secret qui, chez les Anglo-Américains, dans quinze, vingt, vingt-cinq ans, peuple leurs sombres solitudes d'habitations, de hameaux, de bourgs et de villes: Européens, vous voulez faire fleurir vos campagnes par vos villes ; celles-ci s'accroissent, mais vos campagnes se dépeuplent, et dans ce renversement de choses, la misère se propage sur les unes et les autres. Il en a été de même de San-Domingo; le luxe l'a peuplé, et ses campagnes délaissées l'ont livré à la misère. Sept à huit mille individus y vivaient de la seule fortune des riches ; les uns dans l'état de domesticité, les autres des seuls effets de la bienfaisance ; car nul peuple n'est plus libéral, plus humain, plus hospitalier. Et depuis que San-Domingo est sous la domination des Français, ces riches l'ont quitté, et on évalue à six mille ceux des pauvres ou mal-aisés qui y sont restés.

Ce nombre aurait suffi pour peupler et faire prospérer une colonie, et ici ils sont à charge par leur inhabitude au travail; elle est telle cette inhabitude que pas un seul ne cultive, même le jardin de sa maison, n'en ôte les herbes de six à sept pieds qui le rendent inaccessible. Je n'ai vu qu'un de ces jardins cultivé, et encore c'était par un militaire français. Tandis que la viande, le poisson, les fruits, le laitage sont à vil prix; celui des légumes est excessif. Il faut être riche pour se permettre de manger tous les jours des petites raves ou une salade. Ce militaire français tirait journellement du produit de son petit jardin quinze à vingt francs, on lui retenait d'avance ses légumes.

A quoi s'occupent donc ces Espagnols? Pas même à promener. Un filet qu'on nomme hamac, attaché par les deux bouts aux deux murs opposés d'une grande chambre, est la place chérie où leur vie s'écoule assis, plus ordinairement couchés et comme entaillotés; de jour, une cigare à la main, une jambe pendante, ils se balancent indolemment, et quand le mouvement cesse, le pied qui rase la terre la frappe légèrement pour ranimer ce balancement. Si vous entrez, le maître s'assied par honneur sur son lit mobile. Un fauteuil de cuir à fond concave, qui élève les genoux vers l'estomac, est l'unique siége qu'il ait à vous offrir ; ne vous y asseyez qu'avec circonspection ; l'épaisse couche de poussière, le bois vermoulu vous disent qu'il l'a reçu de ses ancêtres ; et les pieds mutilés, calés insoigneusement, exigent que vous y soyiez avec gravité.

Aucun peuple de la terre n'est, il est vrai, aussi frugal ; le fervent anachorète ne l'a pas été davantage : une ou deux bananes, et un peu de chocolat, quand ils en ont, leur suffit ; mais celui qui consomme plus qu'il ne fait produire consomme toujours trop ; il est toujours à charge à la société et à la nature ; et l'homme dont le travail produit plus qu'il ne peut consommer, est toujours utile, quelque grande que soit sa consommation.

Un état ne devrait compter de vraie population que sur le nombre des individus utiles, le reste est un fardeau qui pèse sur les autres: Un recensement juste serait celui qui séparerait en deux parts ces deux sortes d'individus, l'état verrait alors justement ce qu'il perd ou ce qu'il gagne, si les choses s'améliorent ou se détériorent : nos faiseurs de statistique s'en occuperont peut-être un jour.

Comment se fait-il que, dans ces colonies, surtout où le travail est si productif, l'Espagne soit ainsi chargée de tant d'hommes inutiles? C'est la multiplicité de ces moines, qui, organes de la religion, se taisent sur la première, la plus nécessaire des vérités, le besoin du travail, et qui eux-mêmes donnent le dangereux exemple de l'oisiveté ; c'est le peu de considération pour l'homme laborieux, pour l'agriculteur surtout, ravalés au-dessous du dernier employé ou du valet d'un grand. Ce sont ces priviléges exclusifs obtenus d'une cour trompée, sous l'apparence du bien public, qui rendent les denrées du dehors rares et chères, et font tomber à vil prix celles du sol ; c'est enfin la corruption de la justice qui viole les lois que même elle ignore, qui se vend publiquement aux monopoleurs, qui favorise l'incroyable vénalité des hommes en place, qui sert d'instrument aux faussaires et aux parjures, gens d'autant plus dangereux qu'ils sont couverts du masque de la religion. C'est par ce concours de choses, que s'est dépeuplée et appauvrie une nation qui aujourd'hui devrait être la plus riche et la plus puissante de l'univers, et maintenant si débile qu'il lui faut, pour s'étayer, des soutiens étrangers. Bientôt peut-être ses colonies ne seront plus à elle; et quel sera alors son sort? Et, cependant, je le répète, aucun peuple n'a des mœurs privées plus douces, plus estimables; bons pères, bons maris, bons fils; aucun dans la société n'est avec ses amis plus franc et plus agréable, et ne montre de ces tours d'imagination qui décèlent le génie, n'est plus prêt à s'enflammer pour la gloire; mais il est dénué d'instruction; il est enchaîné par la superstition, qu'il secoue parfois avec succès, et particulièrement il n'a pas le moindre élément d'esprit public : droit et probe envers les particuliers, il dilapide avec audace, et sans remords la chose publique : ce qui est à tous est impitoyablement pillé par tous, et avec une telle impunité, que l'homme en place qui ne serait pas coupable et qui en serait le témoin, n'oserait l'empêcher et ne pourrait le faire.

Et, je le répète, aucun gouvernement de la terre n'est plus paternel, n'étend plus loin sa sollicitude sur tous ses sujets, ne montre dans ses lois et ses réglemens plus de sagesse, de celle particulièrement qui tient à la bienfaisance ; mais il est faible et craintif. Ainsi, du défaut d'instruction et d'esprit public des sujets et de vigueur du gouvernement, naissent les maux qui exténuent cette monarchie et présagent sa prochaine destruction, qu'il est sans doute encore temps de prévenir. Mais qui pourra et sera appelé à le faire ? Chaque pas que j'ai fait dans ces voyages, m'ont offert ces vérités : je les retracerai à mes lecteurs.

J'ai compris par ces cinq à six mille pauvres et mal-aisés restés à Saint-Domingue, les gens de couleur, au risque de scandaliser des colons par un tel mélange. Les Espagnols, à cet égard, bien différens des autres nations, sans doute en réparation des maux qu'ils ont faits autrefois aux Indiens, ne vont pas rechercher jusque dans les générations reculées des blancs, d'imperceptibles taches de sang noir. Le mulâtre libre est par eux bientôt assimilé aux blancs, et ils se plaisent, par leur alliance avec eux, qu'ils ont le bon esprit de ne pas rendre infamante, à faire disparaître tout-à-fait ces taches odieuses de couleur. Ainsi, jamais ils n'auraient à craindre dans leurs colonies ces terribles convulsions dont nous sommes victimes ; la multiplication du sang mêlé multiplie leurs amis et leurs défenseurs. Si cette politique avait été suivie à notre St.-Domingue, elle serait dans toute sa splendeur ; ses produits et ses consommations auraient doublé de ce qu'ils étaient avant la révolution. Quel différent état de choses pour la métropole, pour ses fabriques, pour sa marine et pour ce qu'elle tire maintenant à si grands frais des colonies étrangères ! O colons ! vous avez voulu repousser de vos corporations ces hommes de sang mêlé, qui étaient vos enfans et vos frères ; ils étaient vos valeureux défenseurs, et vous les avez transformés en implacables ennemis ! et vous-mêmes, colons, avez voulu encore vous sectionner en grands blancs et en petits blancs ! ainsi l'orgueil, ce dangereux ennemi, n'isole que pour détruire. L'homme seul est toujours malheureux ; il n'a de force et de puissance que par sa réunion avec ses semblables. La loi, chez les Espagnols, défend de punir l'esclave de plus de vingt-cinq coups de fouets, et elle défend au maître de les infliger lui-même ou de les faire infliger : il doit s'adresser à un homme établi à cet effet. Cette loi humaine prévient les excès des maîtres féroces qui mutilent et font périr barbarement ces malheureux ; en même temps, la nécessité de faire conduire l'esclave au fouetteur, de choisir les heures convenables, laisse au maître le temps de se calmer : ainsi les punitions deviennent plus rares. L'esclave aussi qui a à se plaindre de son maître, s'adresse au magistrat, obtient d'être vendu à un autre ; la loi détermine les prix. Dans cet état de choses, le maître d'un bon esclave le traite avec plus de ménagement pour n'être pas contraint de le vendre ; et l'esclave qui est content de son maître, cherche davantage à lui plaire, pour n'être pas vendu à un autre avec lequel il serait moins bien. Si l'esclave a lui-même gagné de quoi se racheter, il se rachète au prix déterminé par la loi ; et s'il n'a pas assez, et que sa bonne conduite lui ait fait des amis, il trouve facilement à emprunter pour compléter le prix de son rachat.

Il y a dans toutes les colonies espagnoles un magistrat préposé spécialement pour la protection des esclaves. Ce magistrat reçoit en secret leurs déclarations, prend des renseignemens positifs, intervient, comme leur protecteur né, auprès des tribunaux ; obtient contre le maître convaincu un jugement qui

le

le force de vendre ses esclaves, et lui défend même d'en avoir à l'avenir.

De pareilles lois honorent l'humanité; aucun peuple ne montre dans sa législation une aussi touchante sollicitude pour l'esclave; et les Américains des Etats-Unis, qui se vantent d'être les plus humains de la terre, sont tout aussi barbares que les autres envers leurs esclaves. Mais ces lois humaines de la législation espagnole sont le plus souvent, sous ce trop faible gouvernement, éludées, et même deviennent abusives. Peut-il en être autrement, quand la corruption générale est telle, que tout homme en place ne rougit plus de se vendre? Les lois, a-t-on dit souvent, manquent moins aux hommes, que ceux-ci ne manquent aux lois. Il est donc vrai qu'il faut plutôt former des hommes qui puissent se passer de lois, que de les accoutumer à en avoir trop besoin.

CHAPITRE XXI.

Histoire naturelle. Coquillages remarquables. Pétrifications. De la diminution de la mer. Réflexions à ce sujet.

Un peu avant notre arrivée à San-Domingo, je fis pêcher un gros morceau de bois pourri qui flottait près de notre bord; je le trouvai peuplé intérieurement de l'espèce de coquillage univalve, nommé par les conchyliologistes *tuyau d'orgue*. Ces tuyaux, longs d'environ deux pouces, droits, unis, presque cylindriques, d'un blanc sale, approchaient de la grosseur d'une plume à écrire; ils étaient accolés en masses plus grosses que le poing, et liés faiblement par un gluten qui me paraissait être de la même substance que le coquillage. Un animal vivait dans chacun de ces tuyaux. La mer a donc aussi ses républiques dont les habitans réunis s'entr'aident pour braver les flots et résister aux ennemis. Ces tuyaux alongés, isolés, poussés par les vagues, se briseraient ou seraient bientôt encombrés sous les sables et les glaises, ou deviendraient facilement la proie de ces voraces poissons armés de dents tranchantes et de mâchoires si fortes.

Dans toutes ses productions la nature marche des formes les plus simples aux plus composées; elle épuise toutes les diversités dont ces formes sont susceptibles avant de passer à d'autres plus compliquées, qui deviennent moins nombreuses à mesure qu'elles se compliquent. L'univalve plus simple que le bivalve, est aussi plus multiplié et plus diversifié; et le multivalve, le plus composé de tous, offre moins de diversités; il est le moins nombreux. Parmi les univalves, le genre des tuyaux est le plus simple, c'est aussi le plus diversifié et le plus nombreux; il y en a d'abord de droits comme des chalumeaux, de légèrement courbés comme des cornes, de contournés de diverses manières, qui prennent les formes de *raves*, de *bistortes* et d'autres *racines*, et de *dents de chien*, et de *défenses d'éléphant*, puis d'arqués et de roulés comme des intestins, de tournés en spirales, en volute comme le *tire-bourre*, le *vilebrequin*, le *tuyau-serpent*, le *pain de bougie*, le *tuyau solitaire*, de pelotonnés entre eux comme des fils mêlés. Chacun de ces genres se subdivisent encore ; les uns sont polis, les autres ondulés ou ridés à vives arêtes, graveleux ou hérissés de pointes; d'autres ont des stries ou des canelures. Leurs dimensions sont tout autant diversifiées ; les uns sont déliés comme des fils menus, d'autres ont plus d'un pouce de diamètre à leur ouverture : la longueur de plusieurs est aussi seulement de quelques lignes, tandis que celle des autres est de plusieurs pouces ; chacun d'eux se diversifie encore par des teintes différentes de blanc, de rouge, d'incarnat, de rose, de pourpre, de jaune, de vert, de marbré, de brun, de noirâtre. Leurs mœurs ne sont pas moins admirablement diversifiées; les uns vivent adhérens aux rochers limoneux, et s'y accumulent; d'autres naissent et multiplient sur les coquilles d'huîtres, de moules, de buccins, etc., ou isolés, ou agglomérés, ou les tapissent en réseaux; d'autres s'attachent aux plantes maritimes ou aux débris de végétaux terrestres, vivent à leur superficie sans les blesser, ou s'y enfoncent et les lardent de toutes parts, et vont, en voyageant avec ces végétaux, propager leurs races au sein des mers les plus lointaines.

Le *tuyau d'orgue*, ce tube droit, forme primitive de tous les autres tubes cylindriques, fléchis, contournés et roulés, est en même temps le type des formes de tous les autres univalves, quelles que soient leurs diversités apparentes : tous sont des tubes, s'éloignant plus ou moins de la forme cylindrique pour prendre celle de tubes coniques, plus ou moins évasés à leur entrée, et se différenciant aussi entre eux par des circonvolutions, par des renflemens, des aspérités, des anfractuosités et des couleurs.

Pourquoi cette marche si simple et si féconde de la nature n'a-t-elle pas été suivie par les conchyliologistes, dans leurs classifications des testacés. D'Argenville et d'autres, d'après ce savant, jettent à la dernière classe les tuyaux qui devraient former l'entrée de la science, et ils mêlent au milieu de cette classe les *tuyaux d'orgue* par qui elle devrait commencer. Dans cette confusion de leur méthode, l'esprit embarrassé ne peut saisir l'ensemble du plan de la nature, ne peut la suivre dans ses admirables modifications. Au milieu du désordre des choses, il faut amonceler péniblement avec dégoût des beautés qui n'en sont plus par leur discordance, et il faut surcharger sa mémoire de noms, de définitions, de genres, d'espèces idéales et fantastiques. *Il n'y a de science que celle de la nature;* ne suivons donc qu'elle pour nous éclairer.

En parcourant les contours de la ville, je marchais du côté de la mer sur des rochers à nus; je ne fus pas peu surpris d'y trouver en grand nombre ces groupes de vers à tubes incorporés à ces rochers avec lesquels ils s'étaient pétrifiés. Il faut que ces roches gangues ou matrices de ces testacés fussent alors dans un état d'argile molle; mais pour que la mer les y ait déposées en si grande quantité, pour qu'il s'y en trouve à différentes hauteurs dans l'intérieur de ces masses de roches, comme on le voit par des pierres brisées ou taillées, il faut que ces dépôts de coquillages tubes aient été faits par une lente succession des temps, à mesure que la mer élevait ces roches qui alors étaient des fonds, à mesure qu'elle les élevait en ajoutant de minces couches sur de minces couches. Les flots y poussaient alors de temps à autre des troncs et de grosses branches d'arbres qui s'affaissaient dans la vase avec les républiques de testacés qu'ils portaient.

Quelle autre succession de temps n'a-t-il

pas fallu pour que ces roches, dépôt des mers, qui étaient sous elles, qui formaient leurs bases, se soient élevées, au-dessus de leurs surfaces, à plus de trente pieds, comme elles le sont maintenant? Quelle est donc la cause qui abaisse ainsi graduellement ce niveau des mers observé par tant de voyageurs que j'ai souvent moi-même remarqués, particulièrement à l'île d'Yla, ouest de l'Ecosse, où, sur les bords de la mer, une roche grisâtre, approchant de la nature de l'ardoise, m'offrit, à environ vingt-cinq pieds d'élévation, un bloc de quartz d'un beau blanc, d'une forme carrée, arrondi à ses angles, de plus d'un pied de longueur sur un peu moins de largeur. Cette roche brisée laissait alors voir toute l'épaisseur du bloc qu'il n'aurait pas été difficile d'arracher de sa matrice. Plus nouvellement en côtoyant l'île de la Martinique, du Fort-Royal à la ville de St.-Pierre, j'ai vu des masses de rochers très-élevés sur la mer, composés presque en entier de gros cailloux roulés, qui, dans les déchiremens du rocher, sont restés dans leurs gangues, saillans et intègres. Serait-il donc vrai que le froid condensant de plus en plus les eaux sous les poles, les y amoncelleraient pour diminuer leur retour dans le bassin des mers ? ou cet abaissement graduel des mers s'opérerait-il par leurs balancemens, par leurs courans, par leurs tempêtes qui, usant les fonds, les creusent insensiblement ? ou serait-ce que ces innombrables volcans, qui sans doute ont tous entre eux des communications souterraines, se crevant parfois sous le lit des mers, ouvrent aux eaux d'immenses abîmes où une partie d'elles se volatilise en air, tandis que l'autre se condensant, perd sa liquidité par ce même art merveilleux, que la chimie moderne décompose ce fluide en l'enfermant dans un tube de fer qu'elle livre au feu ? Peut-être encore que ces innombrables végétaux qui couvrent la surface de la terre, comme autant de laboratoires chimiques où se forment et se combinent tous les minéraux, où se créent et se transmuent tous les métaux, où s'aiguisent et se neutralisent tous les sels, servent aussi à créer les eaux par leur émanation. Elles se diminuent ces eaux à mesure que des sables mouvans et la main destructive des hommes diminuent la quantité de ces végétaux émanans. Peut-être enfin chacune de ces causes concourent-elles à cet abaissement successif des mers, qui, laissant plus de terre à découvert, étend l'empire des hommes. Eh! que leur servent tant d'immenses régions parées de tous les attraits d'une nature vivace, où tant d'empires fortunés pourraient fleurir, puisqu'ils préfèrent de rester amoncelés pour se livrer de sanglans combats et se corrompre dans leurs villes dévorantes!

CHAPITRE XXII.

Départ de San-Domingo. Idée de la colonie française de St.-Domingue.

Je ne pouvais me lasser d'admirer le site de San-Domingo, la beauté de son climat, les richesses végétales que cette terre vierge offre de toutes parts. Que d'observations à faire pour le naturaliste, sous ce ciel pur où tout réveille sa curiosité par l'appas du plaisir, où, éprouvant moins de besoins que sous nos climats inégaux, il peut donner plus aux recherches, à l'étude, à la méditation. Si le bonheur est sur la terre, me disais-je, où pourrais-je mieux le rencontrer? Cependant je soupirais, au milieu de ces jouissances, de ces réflexions, après l'instant de mon départ; je voulais m'éloigner de ces lieux, où deux races d'hommes, animées de la soif de la vengeance, voulaient se détruire jusqu'au dernier; je voulais arriver sur une terre de paix, où la nature, également vierge, aussi féconde, déploirait encore mieux à mes regards ses caractères primitifs, et me laisserait mieux pénétrer de ses secrets importans, objet de mes recherches.

Nous obtînmes enfin la permission de sortir après de longues sollicitations ; nous étions tous également impatiens de partir, dans la crainte que de nouveaux motifs ne fissent révoquer une permission que nous n'avions obtenue qu'avec peine ; mais le vent de terre nécessaire pour sortir du port se lève rarement le soir ; les détours de ce port, les brisans qui le bordent rendent sa sortie, à l'approche des ténèbres, extrêmement dangereuse : le vent est plus constant et plus animé le matin ; il nous fallut donc attendre, malgré notre impatience, le lendemain. Au lever de l'aurore nous accusions déjà de paresse le pilote qui devait présider à notre sortie ; il arriva, nous crûmes pour le coup être libres. On prépare en hâte les voiles ; le cabestan tourne pour amener nos ancres ; nous y mettons tous la main pour hâter le travail ; mais un des cables casse, et l'ancre qui y tient n'a pas de bouée pour la reconnaître ; il ne se trouve pas un plongeur pour l'amarrer, on est réduit à la chercher au hasard ; plus de deux heures se passent avant de l'avoir retrouvée et retirée. Nous mettons enfin à la voile : nous dépassons la gorge ; et tout-à-coup le vent manque, nous sommes forcés de mouiller. Bientôt des grains s'élèvent, nous agitent, nous poussent près de ces noirâtres rochers où se brisent les flots en furie ; on relève promptement l'ancre, et nous sommes trop heureux de nous retrouver dans ce port que quelques instans avant nous nous félicitions d'avoir quitté. Il nous fallut attendre, avec une nouvelle inquiétude, le lendemain, où le vent plus favorable nous fit sortir sans danger.

Nous continuâmes de côtoyer le sud de la grande île de Saint Domingue, dont les côtes peu élevées, ondulées agréablement, ne nous montraient que de loin en loin, dans le fond de la perspective, de hautes montagnes coniques et isolées ; nous jugions de là de l'étendue des plaines qui les environnent, de leur fertilité et des richesses qu'elles produiraient si les hommes étaient plus jaloux de les faire naître qu'avides à se les arracher des mains les uns des autres.

Nous serrions la terre d'assez près ; mais lorsque nous fûmes le long de la côte de la partie de Saint Domingue, anciennement française, nous nous tînmes plus au large ; nous avions appris que des noirs insurgés se tenaient vers ces parages, cachés avec des bateaux dans des anses, et arrivaient inopinément sur les navires qui passaient trop près, les assaillaient lorsque surtout le vent était faible, s'en emparaient et ne faisaient aucun quartier aux malheureux qu'ils trouvaient même sans défense.

La surface totale de l'île de Saint-Domingue est de cinq mille deux cents lieues carrées, dont cette partie française ne forme qu'environ un tiers, plus échiquetée et plus montueuse que la partie espagnole; c'est donc là où ces audacieux aventuriers, guerriers, chasseurs, agriculteurs fondèrent, par des combats et des travaux même, cette reine des colonies ; pour une patrie qui les vexait, les dépouillait, enchaînait leur courage et leur industrie, sous prétexte de les protéger. C'est là où, dans l'espace d'un siècle et demi, la population, malgré les entraves du gouvernement, malgré le plan vicieux du régime de l'esclavage, s'était élevée déjà, en 1789, à cinq cent vingt mille individus (1), dont quarante

___

(1) *Voyez* Description de la partie française de l'île de Saint-Domingue, par M. Moreau de Saint-Méry,

mille blancs, vingt-huit mille affranchis ou descendans d'affranchis, et quatre cent cinquante-deux mille esclaves, ce qui donnait une proportion de près de douze esclaves contre un blanc, de deux cent soixante individus par lieue carrée; tandis que la partie espagnole, plus anciennement habitée, plus riche en grande plaine, mieux arrosée, n'avait proportionnellement qu'environ un sixième de cette population, c'est-à-dire, à-peu-près seulement quarante-trois individus par lieue carrée.

Il y avait alors sur cette partie française de St.-Domingue sept cent quatre-vingt-treize sucreries ou manufactures à sucre, trois mille cent cinquante indigoteries, sept cent quatre-vingt-neuf cotonneries, trois mille cent dix-sept cafeteries, cent quatre-vingt-deux guildiveries ou distilleries d'eau-de-vie de sucre, nommée tafia, vingt-six briqueteries et tuileries, six tanneries, trois cent soixante-dix fours à chaux, vingt-neuf poteries et cinquante ca-

---

t. I. Les immenses détails de cet ouvrage publié à Philadelphie en 1797, ont sauvé de l'oubli éternel les plus importans éclaircissemens sur cette colonie, qu'il serait déjà impossible de retrouver dans ce moment-ci.

coyères; indépendamment des grains, des fruits et des racines farineuses qu'on y cultivait, des volailles et d'autres animaux qu'on y élevait, on comptait en outre quarante mille chevaux, cinquante mille mulets, deux cent cinquante mille bœufs, moutons, chèvres et porcs servant à l'exploitation des manufactures ou à la consommation des habitans.

Les richesses que cette colonie versait dans la métropole, s'élevaient annuellement à plus de cent cinquante millions de livres tournois; et dans l'état des choses, elles devaient s'accroître encore rapidement. Rien d'approchant ne se retrouve dans les fastes du monde, et les colonies des nations, nos rivales, étaient à cet égard restées loin de notre St.-Domingue. Ce n'était pas à la seule bonté du sol qu'elle devait cette supériorité, mais à ces génies actifs et industrieux qui, ainsi que leur courage, éleveront toujours les Français au-dessus des autres peuples, quand l'avidité fiscale et le joug de la tyrannie ne s'opposeront pas à leurs efforts. Ces Anglais que faussement on a dit être supérieurs à nous dans leur agriculture, parce que les propriétaires et les agriculteurs chez eux, plus aisés, peuvent mieux faire de ces innovations dispendieuses, mais qui sont si loin de notre ardeur dans les travaux, et de notre ténacité pour les exécuter, qui n'ont pas, comme nous, un sol aussi varié par le climat, par les expositions, par des veines et des couches de terres différentes, exigeant dans la culture l'acquis et la sagacité que ne sauraient donner ni les livres ni les cours, et formant dans toutes nos campagnes des hommes rares, mais trop pauvres, dont tant de fois les observations m'ont émerveillé; ces Anglais, dis-je, doivent eux-mêmes l'amélioration de la culture de leurs colonies, le perfectionnement particulièrement de la fabrique du sucre, à ces infortunés colons échappés des massacres de Saint-Domingue.

CHAPITRE

CHAPITRE XXIII.

La Jamaïque.

Je la découvre, cette île, la Jamaïque, où de malheureux Français leur ont enseigné l'art de la culture et de la fabrique du sucre, à vingt lieues sous celle de St.-Domingue; sa terre élevée, ses montagnes hachées, pressées, la font ressembler à notre Martinique : nous en approchons assez pour distinguer sur ses coteaux les longues banderoles de ses plantations de cannes à sucre. Je crois y reconnaître, victimes de nos erreurs, de notre intolérance, ces Français fécondant les champs de nos ennemis, comme naguère d'autres Français, repoussés par l'intolérance religieuse, fécondèrent chez eux nos inventions et nos arts.

Nous voulions d'abord longer cette île au sud pour l'avoir à notre droite; notre intention était par là d'éviter la rencontre des bâtimens anglais, que nous supposions déjà instruits de la guerre et en course; mais les courans nous poussèrent impérieusement au nord de cette île, dans le canal qui la sépare de Saint-Domingue.

La Jamaïque, longue de cinquante lieues, large de vingt, découverte par Christophe Colomb en 1494, n'a passé sous la domination anglaise qu'en 1655; depuis ce court espace, elle est devenue une des plus florissantes plantations du monde; on y compte plus de soixante-dix mille Anglais, plus de cent mille nègres. On y cultive, avec le plus grand succès, le sucre, le café, le cacao, l'indigo, le coton, le tabac; elle est le centre d'un grand nombre de branches de commerce avec la métropole, avec les îles et le continent de l'Amérique, et surtout avec les Etats-Unis. Les produits de cette île sont utiles à un grand nombre de nations ennemies même de l'Angleterre: ainsi l'agriculture et le commerce servent à tous les hommes en dépit de leur jalousie, de leurs prohibitions, de leur guerre. Si l'Angleterre ne s'élevait ainsi au-dessus des autres nations qu'en multipliant davantage les productions de la terre et des arts, la grandeur de l'Angleterre deviendrait un bienfait pour le genre humain ; mais, lorsque pour s'agrandir elle emploie la violence et la corruption ; lorsque son or devient le breuvage pour enivrer des nations qu'elle veut pousser à leur perte ; lorsque les riches contrées de l'Inde sont changées par elle en affreuses solitudes ; lorsqu'elle déploie de toutes parts ses pavillons sur les mers pour commander et opprimer, la grandeur de l'Angleterre ne devient-elle pas un fléau pour le genre humain ?

Si l'île de la Jamaïque hérissée de montagnes était restée à l'Espagne, sans doute, comme ses autres colonies, elle ne serait habitée que de pauvres habitans isolés, vivant misérablement au milieu de leurs épaisses forêts et sur leurs prairies incultes. La population et la richesse de la Jamaïque nées si rapidement, n'aurait-elle pas dû réveiller l'attention de l'Espagne, animer son émulation pour créer de plus grands prodiges, puisqu'elle est maîtresse d'une immensité de colonies bien meilleures que la Jamaïque ? Les nations doivent être ce que l'homme est en particulier. La nature, et sa religion, quelle qu'elle soit, lui commandent impérativement de faire valoir, pour l'utilité commune, les dons de la fortune et les talens; il doit améliorer les uns et les autres pour se rendre de plus en plus utile. Sa négligence est coupable, et il en est responsable. Les nations ont la même comptabilité, la même responsabilité quand elles n'améliorent pas autant qu'il est en elles le sort de chacun de leurs membres, quand elles n'en multiplient pas autant le nombre qu'il est en elle, et quand enfin elles ne répandent pas le fruit de leurs travaux sur les peuples même étrangers à leurs dominations. Car, quel que soit l'isolement que l'orgueil et l'avarice mettent entre les hommes, ces liens-là sont indestructibles qui font que tous les hommes ne sont qu'une grande famille.

La Jamaïque, restée sous la domination anglaise, conserve encore dans différens lieux et dans sa principale ville des plantations espagnoles, de jardins surtout. On juge par-là que cette nation si grande vers le temps de Christophe Colomb chérissait l'agriculture, et toujours chez les peuples l'époque de leur vigueur, celle de leur grandeur est celle où ils se sont honoré de l'agriculture; l'époque où les Perses faisaient la conquête de la Perse, était celle où Cyrus était glorieux de planter de ses propres mains son parc; celle où les Athéniens étaient à leur tour vainqueurs de ces mêmes Perses, était aussi l'époque où ils vantaient le plus leurs olives, leurs figues et leurs raisins.

CHAPITRE XXIV.

Isle de Cuba. La Havane, golfe du Mexique.

Nous nous hâtions de nous approcher de Cuba, qui n'est qu'à quinze lieues de la Jamaïque, et nous la serrâmes afin d'être moins sur le passage des navires anglais. Cependant nous en vîmes bientôt successivement plusieurs qui parurent plutôt vouloir s'éloigner de nous que de nous approcher; c'étaient de petits bâtimens qui rôdaient sur les côtes de Cuba, où ils font une contrebande immense en importation et en exportation. La longueur considérable de cette île si peu habitée encore, facilite ce genre de commerce. Les Anglais sortent le soir de la Jamaïque, s'approchent des côtes de Cuba, qui leur sont familières pendant la nuit, et souvent même en plein jour dans les lieux les moins fréquentés. Aucune nation ne dépense autant que l'Espagne pour surveiller la contrebande, n'a autant de soldats, de commis, d'inspecteurs, de sous-inspecteurs ; aucune nation ne la punit plus rigoureusement, elle condamne aux mines ceux qui sont pris; dans aucun pays de la terre il n'y a plus de contrebande, et nulle part elle ne se fait plus hardiment; dans la seule chose où le gouvernement se montre inexorable et même trop sévère, c'est dans celle où les commandans, les magistrats, les militaires, les commis, les nationaux, les étrangers se donnent tous à l'envi la main pour favoriser la contrebande; cela tient aux causes que j'ai déjà alléguées à la corruption de l'ordre judiciaire, et principalement à ces priviléges monopoleurs qui font que le colon manque de ce qui lui est le plus nécessaire. Un certain baron, par exemple, jouit à la Havane, capitale de Cuba, du privilége d'introduire dans cette ville les farines dont elle a besoin, ainsi que cette grande île. Ce baron achète des Louisianais et des Etats-Unis des farines qui lui reviennent au prix de cinq à dix piastres le baril, pesant cent quatre-vingts à cent quatre-vingt-dix livres; il revend ces farines de dix-huit à vingt-cinq piastres, il se donne bien garde d'en laisser jamais mettre sur le marché de grandes quantités, parce qu'il a individuellement intérêt qu'elles soient toujours chères. Voilà donc ici un violent véhicule pour la contrebande ; il en est à-peu-près de même des autres denrées : le cultivateur qui a tant de peine à se défaire de ses productions, favorise autant qu'il est en lui les contrebandiers qui les lui achètent et qui lui apportent en échange d'autres denrées. Si le commerce des farines était ouvert, elles ne coûteraient sur le marché de la Havane pas plus de cinq à six piastres : quand le gouvernement y mettrait un droit d'entrée de douze pour cent, il se ferait un produit d'autant plus considérable qu'il n'y aurait plus à cet égard de contrebande, elle n'en vaudrait pas la peine. Ce marché ouvert des farines faciliterait en même temps pour les colons la vente des denrées, dont la métropole n'aurait pas besoin ; telle est surtout celle des mélasses, du tafia, du rum, d'une immense quantité de sucre ; ce seraient autant de moyens d'encourager les colons dans leurs travaux agricoles. Et cependant ce privilégié baron n'aura pas manqué d'alléguer à son gouvernement que sa demande avait en vue le bien et la prospérité de la colonie ; que c'était afin que les bons sujets du roi fussent approvisionnés de cette denrée de première nécessité, et qu'ils ne la payassent jamais trop cher. Ministres, ayez confiance à ces demandeurs désintéressés : celui qui dit être tout entier à la chose publique, qui semble s'oublier pour elle, est presque, à coup sûr, un hypocrite. Prêtez avec plus de confiance une oreille attentive à celui qui d'abord vous montre ce qu'il veut faire pour lui, et comment, par ses opérations, il veut en même temps servir l'Etat, comment ses intérêts s'identifient avec l'intérêt public.

L'île de Cuba court dans sa longueur de l'est à l'ouest, entre les 20 et 25es degrés de latitude nord ; elle a sept cent soixante mille de longueur, ce qui fait environ de deux cent cinquante de nos lieues, sur une largeur très-étroite et si étranglée, qu'en plusieurs endroits elle n'a pas plus d'une douzaine de lieues. Sa plus grande largeur est au cap de la Vera-Crux, dont nous approchâmes assez près pour reconnaître ses coteaux et ses montagnes lointaines. Jusque-là nous avions joui de l'aimable verdure qui couronne les bords de cette belle île. Les suaves parfums de ses fleurs s'exhalaient jusqu'à nous; mais aucune trace d'habitations d'hommes n'animait ce tableau. Nous n'eûmes pas dépassé le cap de la Vera-Crux, que la terre disparut de notre vue, la mer formant à la pointe du cap un profond enfoncement anguleux, tout semé de rochers noirs à fleurs d'eaux et si serrés, qu'on ne peut y voguer qu'en chaloupe. On nomme, je ne sais pourquoi, cet amas lugubre de rochers *jardins de la reine*, qui se prolongent au nord-ouest trente à quarante lieues, et que nous cotoyâmes en partie pour regagner d'autres *jardins* non moins lugubres, près desquels se montrent quelques îlots et la petite île des Pins. Nous ne retrouvâmes la vue de la terre de Cuba que vers le cap *Corientes*, elle se montra à nous également pavée de forêts touffues et aussi peu habitée. Nous voulions reconnaître particulièrement le cap Saint-Antoine qui termine cette si longue île, pour de là quitter la route de l'ouest et prendre celle du nord, et nous arrivâmes si près de la terre que des remous ou contre-courans ralentirent notre marche, tandis que plus au large les courans nous auraient favorisés.

L'île de Cuba, placée très-obliquement à l'entrée du golfe du Mexique, semble se courber à son extrémité nord-ouest comme pour resserrer les deux entrées du golfe, qui sont à ses côtes. Ce cap Saint-Antoine s'avançant en bec du côté de l'isthme rocheuse du Yucatalan, forme l'entrée d'ouest, qui n'a guère dans cette partie qu'une cinquantaine de lieues de large ; tandis que le nord de l'île se bombant dans sa courbure forme, avec la pointe saillante de la Floride orientale, l'autre entrée un peu plus étroite ; c'est dans cette partie au nord en face de la Floride orientale où est située la ville de la Havane, capitale de l'île.

Cette ville qu'on dit peuplée de plus d'environ quarante mille ames, est l'entrepôt des relations de l'Espagne avec le Mexique, et le centre de ses forces de terre et de mer. Son commerce est très-considérable, puisqu'il a pour objet non seulement de fournir aux besoins de la ville et de l'intérieur de l'île, mais encore à celle du Mexique, et d'en exporter ses riches métaux. La Havane approvisionne en même temps les deux Florides de denrées coloniales et de quelques-unes de celles de l'Europe ; elle approvisionnait également la Louisiane. Les malheurs de Saint-Domingue jettent dans cette ville et dans l'intérieur de l'île une grande partie de ces infortunés colons; un grand nombre s'y livrent au commerce, et avec un tel succès, que le peuple espagnol les jalouse, et harcelle souvent son gouvernement de requête pour le leur interdire.

Le gouvernement écoute ces plaintes, mais a le bon esprit de mollir dans les interdictions qu'il a par condescendance prononcées contre les Français. Les commerçans sont, dans tous les pays du monde, les agens de la circulation des denrées de l'extérieur et de l'intérieur ; la rivalité de ces agens amène une concurrence toujours favorable aux acheteurs. En accélérant les opérations, ils donnent aux propriétaires le moyen de vendre plus vite et à meilleur prix. Les agens du commerce sont donc utiles, de quelque pays qu'ils soient. Cependant on m'a assuré que, dans quelques cantons éloignés de l'île, les commerçans français avaient été prohibés. On juge combien il est surtout important d'avoir pour administrateurs dans les colonies des hommes éclairés et probes ; leurs erreurs ou leurs corruptions arrêtent ou même étouffent ces établissemens naissans, c'est ce que nos colonies ont trop éprouvé et encore plus celles des Espagnols.

Les Français réfugiés de St.-Domingue, dont les talens se sont rendus le plus utiles à l'île de Cuba, ce sont ceux qui se livrent à l'agriculture : réduits à être économes des habitations espagnoles, ils y ont créé un grand nombre de sucrerie, et ont enseigné l'art de fabriquer les sucres; plusieurs sont devenus fabricans pour leur compte. Les bénéfices immenses que cette colonie retire déjà de ces établissemens encourageront sans doute ce gouvernement à favoriser plus particulièrement ceux qui se livrent à ce genre de culture; et si l'Espagne voulait, non pas commander, mais seulement laisser faire, ses colonies pourraient approvisionner de sucre et de café le monde entier, et la seule île de Cuba remplirait une partie de ce but.

L'Espagne avait cependant eu le bon esprit de peupler ses colonies, et surtout l'île de Cuba, de petits habitans, c'est-à-dire d'Espagnols européens sans moyen, à qui elle donnait des terres pour les cultiver de leurs propres mains. Elle fondait, de cette manière, ses colonies méridionales sur de meilleurs élémens que toutes les autres nations; mais il fallait plus encourager les travaux de ces petits habitans, leur ouvrir des débouchés pour leurs denrées, et les mettre à l'abri des vexations, des monopoles de gens en place, et l'Espagne aurait aujourd'hui les plus riches et les plus puissantes colonies de l'univers; et pour ne l'avoir pas fait, ses colons sont tombés dans la plus déplorable apathie; ils se contentent chétivement de ce que le sol leur donne, ne font rien produire de plus ni pour eux ni pour l'Etat.

Nous voilà donc arrivés à l'extrémité de l'île de Cuba, à l'entrée du golfe du Mexique. Que d'idées ces lieux me rappellent! C'est de cette île, la plus occidentale de toutes, la plus rapprochée du continent, qui ferme le golfe de manière à en être comme la clef; c'est d'elle d'où Fernandez de Cordoue alla découvrir la péninsule du Yucatan, et bientôt fut suivi de Grijalva qui, entraîné par les courans, s'enfonça davantage dans le golfe, et découvrit, plus au nord, des terres mieux arrosées, plus fécondes, et riches surtout en précieux métaux, objets de leurs recherches. C'est du nord-est de cette même île, que partit Cortez, enflammé à la vue de tant d'or qu'avaient apporté ses précurseurs, animé plus qu'eux de la passion de la gloire, plus capable de former de vastes projets, de les exécuter; c'est de là qu'avec quelques centaines de valeureux soldats, il alla au fond de ce même golfe commencer ses conquêtes, livrer tant de combats, disperser des armées si nombreuses, renverser enfin le trône de Montézuma, faire de ce puissant empire une simple province de la monarchie espagnole, et ajouta à des faits comparables à ceux des temps fabuleux, des trésors qui firent honte à ceux de la féerie. C'est sur les terres baignées des eaux de ce même golfe, où d'autres aventuriers exaltés par les merveilles de Cortez et des Pizares errèrent long-temps, les uns pour trouver ce Dorado où jusqu'aux montagnes devaient être d'or massif, les autres pour boire à cette fontaine de Jouvence qui rendait aux vieillards la vigueur et les attraits de l'ardente jeunesse.

Les vents alizés nous avaient dirigés heureusement depuis notre départ de la Martinique; ce sont eux qui règnent dans toute cette longue chaîne de l'archipel des Isles, depuis la terre ferme vers la Guiane jusqu'à la péninsule de la Floride orientale. Leur constance rend, dans cette direction, la navigation prompte sur les plus belles mers du monde; mais elle devient lente et pénible quand il faut revenir; et si le trajet est long, on a plus tôt fait de gagner les îles de Bahama, de s'élever au nord jusqu'aux vents variables, pour revenir prendre les vents alizés au-dessus du lieu de sa destination.

CHAPITRE XXV.

Suite des observations sur le golfe du Mexique. Arrivée près de l'embouchure du Mississipi. L'inattention du Capitaine fait manquer la passe. Malheurs qui en sont la suite. Vents devenus contraires. Famine. Danger.

Les vents alizés nous quittèrent à l'entrée du golfe du Mexique. Ce golfe, entouré, au sud-ouest, des terres montagneuses du Yucatan et du Mexique; au nord, du profond continent couvert d'immenses forêts, et arrosé de tant de fleuves; à l'est, fermé par la presqu'île alongée de la Floride orientale; et au sud par la longue île de Cuba, qui, comme exprès, obstrue son entrée; ce golfe éprouve donc les impulsions des vents de ces différens sites de terre : dans leur choc ils arrêtent les vents réguliers des alizés; aussi les calmes entremèlent-ils très-fréquemment les vents variables de ce golfe : c'est ce que nous éprouvâmes. En avançant, nous nous aperçûmes bientôt combien il est poissonneux ; nous rencontrions continuellement de grandes bandes chasseuses de marsouins, de solitaires requins poursuivant leur proie, de vives dorades dont nous harponnâmes plusieurs, et que nous fêtâmes grandement : la chair en est excellente. Depuis le cap St.-Antoine nous dirigions notre route tout-à-fait au nord, et nous n'avions pas deux cents lieues pour atteindre l'embouchure du Mississipi, c'était peu après avoir parcouru tant d'étendue de mers ; et, malgré quelque calme, nous marchâmes assez bien : le troisième jour nous n'en étions pas à quarante lieues, lorsque nous commençâmes à découvrir dans le lointain de ces grands arbres que le Mississipi arrache tout entiers avec leurs spacieuses racines qu'il charie dans son cours, pour les pousser sur la mer où ils deviennent long-temps le jouet des flots, jusqu'à ce que quelque tempête les jette sur un rivage et les encombre pour toujours de vase et de sable. Nous saluâmes avec alégresse ces avant-coureurs du Mississipi, que nous rencontrions plus fréquemment à mesure que nous avancions; l'approche des attérages se remarque par le changement de couleur des eaux de la mer; elles ne sont plus diaphanes et pures. La couleur nébuleuse qu'elles prennent est due aux immondices immenses que roulent tant de rivières qui se déchargent dans ce golfe, et particulièrement le Mississipi. La sonde ne tarde pas à donner une terre noirâtre entremêlée de coquillages triturés; il faut alors voguer avec circonspection; l'embouchure du fleuve est accompagnée de terres basses et noyées qui s'avancent dans la mer en espèce de patte d'oie, et il faut être très-près pour les reconnaître.

Nous reconnûmes à ces divers indices que nous ne pouvions être éloignés de la passe; et, selon le calcul de nos marins, nous devions entrer dans ce fleuve avant la fin du jour, et même de bonne heure. Déjà nous faisions nos dispositions pour descendre à terre et visiter ses bords et les habitans; nous avions besoin de nous approvisionner de vivres pour remonter jusqu'à la ville de la nouvelle Orléans: tout était presque consommé, et nous arrivions à peu près juste pour ne pas manquer.

Les contours du golfe ont des courans très-rapides opérés par des remous et par le grand nombre de fleuves et de rivières qui s'y jettent; ils ont leur direction à l'ouest du côté des îles de la Chandeleur, et à l'est depuis le Mississipi du côté de la baie de St.-Bernard : ils sont si rapides dans ces derniers parages, que les marins, pour les éviter, vont toujours prendre la latitude de l'entrée du fleuve à la droite, c'est-à-dire plus à l'est : c'est aussi ce que nous fîmes.

A midi on prit hauteur : nous nous trouvâmes, à notre grand étonnement, plus au nord de dix à douze lieues que l'embouchure du fleuve. Les marins américains sont moins habiles officiers que bons matelots, et il fallait qu'ils eussent bien peu fait attention aux courans, bien peu soigné leur lok, pour être tombé en l'espace de vingt-quatre heures dans une erreur d'environ un demi-degré en latitude. J'avais plusieurs fois observé leur inaction à cet égard, souvent pendant la nuit je les avais vu restés couchés laissant le quart aux simples matelots. Il nous fallut donc revenir sur nos pas afin de reprendre notre latitude, puis courir à l'ouest pour rencontrer les terres avancées du fleuve ; mais un fort vent d'ouest nous repoussa tout le reste du jour, et la nuit suivante nous courûmes des bordées; le lendemain le temps brumeux ne permit pas de prendre hauteur, et le vent sud-ouest continua à nous éloigner. Dans quelle désolation nous devions alors nous trouver après avoir été si près d'aborder la terre : cependant il nous restait l'espoir que ce vent changeant d'un moment à l'autre, nous donnerait le moyen de regagner en peu d'heures ce que nous avions perdu : il trompa notre espoir, il continua et nous poussa de plus en plus au nord, où nous aperçûmes à notre gauche une petite île que nous jugeâmes être l'*île au Breton*; d'autres plus longues, assez boisées, que nous reconnûmes pour les *îles de la Chandeleur*, et les longeant d'assez près, nous découvrîmes successivement l'île *aux Vaisseaux*, ainsi nommée parce qu'il y a un assez bon ancrage ; puis l'*île à Corne* et l'*île Dauphin*, habitées, autrefois par les Français qui fondèrent la colonie de la Louisiane. Le vent s'augmentant nous obligea de prolonger notre route au-delà de la Mobile, le long de la côte de Pensacole, de l'île Sainte-Rose, et nous poussa jusqu'au cap Saint Blaire.

Notre situation devenait de plus en plus

alarmante ; le vent, plus violent et plus au sud, nous rapprochait, malgré nos efforts, d'un rivage aride couvert de sable blanc, où nous ne voyions que de distance en distance des bouquets, de petits arbres, et nous savions que près du cap Saint-Blaire des bancs de sables rendent ces parages extrêmement dangereux. Cependant le vent faiblit un peu, et se rapprocha du sud à l'est; nous en profitâmes pour regagner le large et courir sud-ouest. Nous revînmes donc sur nos pas, mais plus au large, et reprîmes la latitude de l'embouchure du fleuve ; mais, avant que nous eussions approché ses attérages, le vent retourna encore à l'ouest, puis presque au sud, et nous enfonça de nouveau près des mêmes îles de la Chandeleur que nous avions déjà cotoyées. L'air morne de nos officiers et de nos matelots nous disait combien notre situation devenait inquiétante, et que de nouveaux dangers, que peut-être nous ne serions plus assez heureux pour surmonter, nous attendaient. Nos vivres étaient épuisés : ces temps de calamité, pendant lesquels on aurait dû les économiser plus soigneusement, étaient ceux où on les prodiguait davantage.

L'armateur qui m'avait paru d'abord un

homme résolu, qui m'avait beaucoup parlé de ses voyages maritimes, de ses périlleuses entreprises, se montra le plus abattu; il craignait les dangers dont, comme nous, il était menacé; mais il ne voyait pas deux de ses matelots causer en particulier, qu'il supposait des complots pour le jeter, et nous aussi, dans la mer; je me moquais de ses transes. Nous étions cinq passagers français, dont deux étaient militaires, tous bien armés; c'était bien plus qu'il n'en fallait pour nous défendre contre sept à huit matelots, et même le double, s'ils y avaient été. Ces terreurs pusillanimes furent cause qu'il laissa à la discrétion des matelots les vivres, et, ce qui était plus dangereux, les liqueurs. Ces gens-là, toujours plus occupés du moment présent que du lendemain, eurent bientôt consommé leur portion de vivres, la nôtre et notre eau; nous nous trouvâmes bientôt dénués de tout. Dans ces circonstances j'engageai l'armateur à faire relâcher à l'île des Vaisseaux, où les cartes nous indiquaient un facile attérage et un ancrage d'autant plus sûr qu'il est en dedans du canal, du côté de l'île qui regarde la terre; je lui observais que si cette île n'était pas habitée, nous y trouverions sans doute des cochons et des bœufs, ou du moins sur les îles voisines, particulièrement sur l'île Dauphine où autrefois les Français avaient fondé une ville ; qu'ainsi nous serions à portée de tirer du continent voisin, par la rivière de la Mobile, des secours, et que nous remettrions en mer sous un vent favorable. Il goûta d'abord mes observations, mais le vent mollissant le fit changer ; et comme ce vent redevint tout-à-coup plus violent, que les courans nous maîtrisaient, je lui fis sentir la nécessité d'aborder du moins à Pensacole, habitée, où nous trouverions sûrement un pilote pour nous introduire ; les passagers lui parlèrent du ton le plus impératif dans ce sens : le capitaine, à la faute duquel nous devions nos malheurs ; se rangea du même avis ; il fut donc décidé que nous irions à Pensacole, où dans quelques heures, nous nous flattions d'entrer. Cette résolution répandit l'allégresse, ranima le courage des matelots ; nous oubliâmes alors nos souffrances et nos dangers, tant l'espérance est puissante sur les hommes. Nous nous disions : Si le vent dure, dans peu d'heures nous serons à Pensacole ; s'il change, c'est qu'il nous sera favorable, alors nous retournerons au Mississipi dont nous n'étions pas à quarante lieues : dans ces deux suppositions nous ne devions plus craindre de rester en mer au-delà de vingt-quatre heures. Sur ces entrefaites nous découvrîmes un navire en arrière de nous ; il suivait notre route : d'abord il nous donna quelque inquiétude dans la crainte que ce ne fût un corsaire, mais nous eûmes bientôt reconnu que c'était une goëlette espagnole qui revenait de la Havane. Arrivée plus tard que nous vers l'embouchure du Mississipi, et contrariée aussi par les vents, elle avait été obligée de se diriger vers Pensacole. Nous lui demandâmes des vivres ; il lui en restait peu, elle les partagea généreusement : nous éprouvions alors toutes les horreurs de la faim ; avec de l'économie, ils nous auraient suffi pour nous mener loin. Nous marchâmes de concert pour entrer à Pensacole : nous serrions la terre, afin de ne pas échapper son entrée si étroite que nous ne pûmes la découvrir à notre premier passage ; nous fûmes encore assez malheureux cette fois pour la dépasser sans pouvoir la reconnaître, malgré notre surveillance à l'observer.

L'île de Sainte-Rose, qui est à l'entrée de cette baie, se prolonge tellement à l'ouest, sur le continent, qu'en dehors cette île se confond, à la vue avec le continent même. Les Espagnols auraient donc dû élever à la tête de cette île un phare ou fort pour avertir les navigateurs; mais leur malheureuse politique, si funeste à eux-mêmes, de cacher leurs colonies, d'en faire des solitudes, était contraire à ce soin.

CHAPITRE XXVI.

Nouvelle détresse. L'Auteur et deux passagers débarquent sur l'île dévote de Sainte-Rose. Description de cette île.

Nous ne reconnûmes véritablement que nous avions dépassé Pensacole, que le lendemain matin où le jour nous montra les sables arides de l'autre extrémité de Ste.-Rose. Le vent de sud-ouest redevenant de plus en plus impétueux, nous rapprocha bien plus que la première fois de ces régions sablonneuses couvertes de lames écumantes, et nous allâmes encore à la vue du cap sinistre de Saint Blair; une demi-heure de vent de plus, et nous étions à la côte: il se tourna un peu à l'est; nous revirâmes de bord pour revenir à Pensacole: les vents fléchissaient, tournaient et n'étaient pas favorables pour entrer, quand même nous aurions été vis-à-vis la baie; nous restâmes ainsi encore deux jours à louvoyer le long de ces dangereux parages. Au milieu de ces angoisses, nous éprouvions toutes les horreurs de la faim et de la soif : nous avions depuis plusieurs jours été réduits chacun à deux verres d'eau, un demi-biscuit ; nos petites provisions particulières étaient toutes consommées. Nous achetâmes d'un matelot des amandes et des cocos. Ce gros fruit, dont la chair grossière mâchée prend le goût de noisette, est très-nourrissant ; j'en mangeais de moment à autre des morceaux que je mâchais jusqu'à les réduire en lait, afin de les rendre plus digestifs pour un estomac affaibli par tant de diète : nous avions plus de rum que d'eau, et nous en usions à discrétion ; j'en mettais de temps à autre dans la bouche pour éteindre la soif et diminuer la faim. Je demeurais presque toujours couché, afin de moins évaporer, et par conséquent de moins provoquer ces besoins ardens de soif et de faim. Avec ce genre étrange de vie, mes besoins n'étaient plus aussi tourmentans ; ils étaient plus faibles : je m'assoupissais fréquemment ; enfin, j'étais arrivé à un tel point, que je sacrifiai pendant plusieurs jours, sans effort, mon biscuit et une partie de mon eau à des personnes plus faibles. Cependant ces dernières provisions allaient elles-mêmes être épuisées : il n'y avoit pas pour trois jours de biscuit qu'on avait compté et enfermé, et qui se partageait publiquement sur le pont. La goëlette espagnole qui tenait moins le vent que nous, était bien plus au large ; d'ailleurs elle nous avait donné tout ce qu'elle pouvait, en nous recommandant la plus sévère économie : la vue de l'affreuse situation où nous allions tous nous trouver, ranima toute mon énergie ; je représentai aux passagers et à l'armateur qu'il fallait dans l'instant se débarrasser des bouches inutiles, et les mettre à terre sur cette île de Ste.-Rose ; que là, peut-être, on y trouverait des ressources. Nos cartes nous annonçaient qu'il y avait un fort à la tête de l'île, à l'entrée de la rade : Si ce fort existe, leur disais-je, nous pourrons y trouver quelques provisions, nous pourrons en envoyer chercher à Pensacole ; s'il n'existe pas, il y en a au moins un en face pour garder l'entrée de la baie. Nous allumerons des feux, nous ferons des signaux de détresse : de cette manière, nous aurons des secours pour nous et pour l'équipage.

L'armateur répondit qu'il ne pouvait quitter son navire ; que son devoir était d'y rester et d'y périr s'il le fallait ; les autres passagers dirent qu'ils étaient de mon avis, et ils proposèrent de tirer au sort ceux qu'on mettrait à terre sur l'île. Je répliquai que, quoique plus âgé que plusieurs d'entre eux, je voulais, sans attendre le sort, être du nombre de ceux qui iraient sur l'île, et même seul si personne ne voulait m'y accompagner : deux acceptèrent de s'embarquer avec moi; l'un se nommait Dauvin, ancien habitant de l'Isle-de-France où il avait été ferblantier, et devenu depuis officier militaire pendant la révolution ; l'autre était un jeune homme de Marseille, intéressant, nommé Paul, qui avait fait les campagnes de l'Egypte : on mit en hâte le canot à la mer; deux matelots nous accompagnèrent pour ramener le canot, après nous avoir déposés. Nous ne fûmes pas une demi-heure pour atteindre la rive où la lame était encore si forte, qu'en débarquant, le canot s'emplit à moitié. Mon arrivée à terre me rendit l'espérance et la vigueur; nous nous écartâmes un peu : remarquant quelques endroits bas et humides, nous les fouillâmes précipitamment avec les mains : l'eau vint, elle se trouva douce, nous nous en fîmes fête, et emplîmes deux dames-jeannes pour le navire.

Nous renvoyâmes alors le canot, nous avions de l'eau, chacun de nous avait deux biscuits, et nous étions assurés de pêcher des crabes tant que nous en aurions besoin ; ainsi nous cheminâmes à l'ouest pour gagner le fort, dont nous nous estimions être à trois ou quatre lieues : l'île ayant de longueur environ sept lieues, nous présumions avoir débarqué à sa moitié. Dans notre marche nous considérâmes attentivement si nous y trouverions des indices qu'elle fût habitée, ou du moins s'il y avait à chasser des animaux bons à manger. Nous regagnâmes surtout la rive du côté de la terre, afin de connaître sa distance continent; nous vîmes que le canal qui nous en séparait n'avait guère qu'une demi-lieue de large; un peu plus, un peu moins dans différens endroits : ce n'est partout qu'un sable fin, blanc comme neige, éblouissant, fatigant extrêmement la vue, et réfléchissant un soleil ardent qui nous eût bientôt brûlé la figure, gercé les lèvres et la peau. Ce sable amoncelé en monticules inégales, les plus hautes de vingt à vingt-cinq pieds, et extrêmement mouvant, rendait notre marche des plus pénibles dans l'exténuement ou nous étions ; le sol est si bas en beaucoup de places, que nous le trouvâmes couvert de coquillages maritimes, ce qui nous prouva que les grosses mers traversent tout-à-fait l'île dans ces lieux. Sur les monticules mêmes nous rencontrions de ces coquillages; il faut donc que la mer, dans les grandes tempêtes, élève ses lames jusqu'à ces hauteurs; car on sait que les marées ne montent guère dans ces parages à plus d'un pied ou deux.

Je ne concevais pas d'abord comment cette île qui n'est, à proprement parler, qu'un banc de sable, si peu élevée, si étroite, pouvait avoir, partout où nous fouillions les lieux frais, de l'eau douce. C'est que les eaux pluviatiles tombant sur ces sables fins, se filtrent doucement à travers, jusqu'à ce qu'elles rencontrent l'eau de la mer; au dessus de laquelle elles restent sans se mêler, étant plus légères; en effet, lorsque nous tarissions ces petits trous que nous avions faits, ou que nous les creusions trop profondément, l'eau devenait aussitôt saumâtre.

Du rivage nord de l'île, nous découvrîmes la terre continentale, qui nous parut bien boisée et éloignée d'environ une lieue. Elle présente un long et magnifique rideau que nous prenions plaisir à admirer. Le rivage,
extrêmement

extrêmement plat, formant par intervalle de petits lacs herbeux, où il n'y avait que quelques pouces d'eau, nous offrait beaucoup de crabes à prendre ; mais inhabiles dans l'art de les pêcher, elles nous déchiraient horriblement les mains. Dès qu'elles ne pouvaient se sauver ou s'enfoncer dans la vase, elles se mettaient en état de combat, s'acculaient dans la terre pour ne présenter que la tête. Couvertes de leurs pinces menaçantes et mobiles, qu'elles manient avec non moins d'adresse que l'habile bretteur qui pare ou porte des coups, nous nous armâmes à notre tour de nos couteaux, et nous réussîmes à en pêcher assez pour notre soirée.

Pendant que nous parcourions ces petits lacs, tout-à-coup quelque chose s'agite violemment près de nous et s'élance avec impétuosité dans la mer. C'était un énorme crocodille, au moins de 12 à 15 pieds de long, qui, réveillé par le bruit que nous faisions, eut sans doute autant de peur qu'il nous en fit ; il resta dans la mer, à 30 ou 40 pas, la tête hors de l'eau, nous regardant tranquillement. Dauvin lui tira deux coups de fusil, le second seul le fit disparaître. Nous ne faisions pas beaucoup de chemin, occupés à pêcher et observer : nous ne découvrîmes nuls vestiges d'hommes; nous rencontrâmes assez fréquemment des traces d'une espèce de quadrupèdes, que nous prîmes pour celles de chèvres, et que depuis nous sûmes être celles du chevreuil. Nous en remarquâmes d'autres que nous jugeâmes être d'ours, d'autres que nous soupçonnions être celles de tigres; ce qui nous inquiéta davantage, ce fut de longues traînées qui nous parurent être celles de gros serpens.

Ce sable mouvant était nu en grande partie, il n'y avait que çà et là des groupes de végétaux rabougris. Les plus grands étaient des magnoliers à grandes fleurs, dont le pied sortait toujours des sites bas et humides; autour j'y rencontrais au nom des lauriers-ciriers une autre espèce de laurier à grandes feuilles, des chênes verts d'une si petite espèce, qu'on pourrait en former des charmilles et des couverts, les branches tortueuses horizontales se multipliant et se croisant entre elles, les feuilles ovales, petites, et le bois d'une dureté extraordinaire; ailleurs je trouvais des arbrisseaux d'aubépine azérolier, *mespilus azarolus*, aux feuilles peu incisées, aux fruits gros et globuleux, d'un rouge pâle, d'un goût parfumé. Je rencontrais par-ci par-là de petits pins à trois folioles et chétifs, et une autre espèce d'arbrisseau vert au feuillage étroit et linéaire, qui exhalait un odeur de rhubarbe; je ne l'ai pas rencontré ailleurs, je n'en connais ni les fleurs ni le fruit. J'y ai rencontré aussi quelques marroniers à fleurs jaunes, *pavia flava*, en touffes plutôt qu'en arbre; différentes lianes, plusieurs espèces de vignes.

Les plantes herbacées étaient aussi peu variées; quelques espèces de petits joncs dans les lieux marécageux; plusieurs genres de souchets; sur les hauteurs, quelques pieds isolés de graminées et de liserons, avec quelques papillonacées; j'y ai trouvé aussi une espèce de menthe qui m'a paru être la même que la nôtre.

Nous avions débarqué sur l'île vers le midi; et, à l'approche du soleil couchant, nous n'avions pas fait plus d'une lieue et demie ou deux lieues de bonne route. Nous étions déjà si fatigués que nous nous décidâmes à nous arrêter pour manger nos crabes et nous reposer; jusque-là nous n'avions pris qu'un peu de rum avec du biscuit : je montai sur une éminence pour observer si je verrais quelque indice du fort ou de l'extrémité de l'île ; je crus apercevoir, de ce côté, de la fumée ; je fis part de cette remarque à mes compagnons, et je leur proposai de marcher encore, dans l'espérance qu'avant la nuit nous trouverions le fort. Dauvin, plus grand et plus fort, était surtout le plus épuisé d'inanition, il ne put aller plus loin : nous nous empressâmes donc d'amasser du bois que nous coupions avec nos couteaux de chasse, et nous choisîmes, pour allumer notre feu, un vallon assez spacieux pour nous coucher autour, et assez enfoncé pour n'être pas aperçus de notre navire, parce que nous étions convenu de ne lui montrer des feux que lorsque nous aurions trouvé le fort. Notre cuisine de crabes fut bientôt faite ; nous les mettions griller dans le feu, et nous les trouvions fort bonnes ; comme si j'avais eu perdu l'habitude de manger, mon appétit n'était pas vif.

Après notre repas, nous nous disposâmes à dormir ; chacun de nous choisit sur le sable, non loin du feu, la place qu'il crut la plus convenable ; mais nous étions loin de goûter un repos qui nous était si nécessaire pour être en état de continuer notre route. Nous ne fûmes pas plus tôt couché que les maringoins nous assaillirent de toutes parts ; il fallut nous lever et rester assis près du feu : nous pensâmes qu'en multipliant nos feux, et qu'en nous couchant dans les intervalles que nous aurions laissés entre eux, nous préviendrions ainsi les piqûres cuisantes de ces redoutables légions ; nous ramassâmes de nouveau du bois dans l'obscurité, nous allumâmes six à sept feux assez espacés, nous nous couchâmes entre eux, pendant quelques instans nous fûmes tranquilles, et nous crûmes l'être toute la nuit ; mais bientôt les maringoins revinrent nous assaillir avec plus de fureur, comme pour nous punir d'avoir voulu leur échapper. Il fallut renoncer à dormir, et ils nous attaquaient encore assis près du feu.

Ne pouvant tenir, je pressai mes compagnons de reprendre notre marche : il fait frais, leur disais-je, et assez clair pour marcher ; nous n'aurons pas à supporter les feux de ce soleil ardent répercutés par ce sable qui brûle nos pieds, et, durant le jour où les maringoins sont tranquilles, nous nous reposerons à l'ombre de quelques touffes d'arbres. Ils cédèrent à mes instances, et nous nous mîmes en marche ; nous cotoyions la mer, d'où nous voyions au loin les feux de notre navire, et nous n'avions pas marché une heure que nous remarquâmes des pas d'hommes : quelle joie ! nous supposions que ce devaient être ceux de quelqu'un du fort ; qu'ainsi il n'était pas éloigné : sans doute la fumée que j'avais aperçue en venait ; nous avançâmes suivant toujours avec attention les mêmes traces : en moins d'un quart de lieue, nous découvrons un grand feu allumé sur le bord de la mer ; cette vue nous surprit. Qui pouvait l'avoir allumé ? Ce ne devaient pas être les gardes du fort ? Étaient-ce des créoles ? Mais à propos de quoi, qui aurait pu les conduire sur cette plage aride ? N'étaient-ce pas plutôt des sauvages en guerre avec les blancs ; de ces sauvages anthropophages qui peut-être ont allumé ces feux pour tromper les navires qu'ils voient, dans l'espérance de les faire échouer et de les piller ? Nous nous faisions confusément part de ces réflexions, et nous nous étions arrêtés.

Il n'est plus temps de réfléchir, dis-je, il faut agir ; nous avons des armes, préparons-les, mettons quelques balles de plus, et avançons avec précaution ; si ce sont des ennemis, surprenons-les au lieu d'en être surpris. Nous avançâmes, et nous ne voyions personne autour du feu : seraient-ils couchés ou cachés, disions-nous ? mais ils ne nous ont pas vus, ils ne savent pas que nous sommes ici; ils n'ont donc pas de motifs pour se cacher. Nous avancions toujours, et personne ne paraissait; enfin arrivés à quelques pas du feu, nos fusils prêts, nous crions d'une voix ferme, *qui vive?* à l'instant trois à quatre personnes se lèvent en répondant *amis*; c'en était en effet, c'étaient des habitans de Pensacole Français et Espagnols qui nous tendirent amicalement la main. Nous eûmes bientôt fait de raconter nos aventures et notre détresse, et eux bientôt fait de nous présenter d'amples provisions qu'ils avaient toutes prêtes. Assis autour de ce feu qui, peu de minutes avant, nous avait tant inquiétés, nous nous y trouvâmes dans l'abondance de pain, de viande, de poisson et d'œufs, et c'était à qui nous servirait. Qu'on dise que l'homme n'est pas bon, et que la société ne le rend pas humain et compatissant! Ceux-ci ne nous ont vus qu'à la sombre clarté d'un feu, et ils sont déjà nos amis, ils le sont d'autant plus que nous sommes plus malheureux.

A leur tour ils nous racontèrent le hasard qui les amenait sur ce solitaire rivage. Les signaux du fort, dirent-ils, avaient annoncé à Pensacole que deux navires croisaient dans ces parages sans pouvoir entrer, par une contrariété de vents, dont depuis vingt ans on n'avait pas d'exemples; nous attendons, continuèrent-ils, un parent, parti de la Havane, malade, et que nous supposons être sur la goëlette qui vous accompagne : nous sommes venus ici au-devant de lui pour le prendre sur une grande pirogue que nous avons amenée, et laissée à l'autre rivage du côté de la terre, pour abréger notre retour. Nous pourrons être ce soir à Pensacole, où notre parent malade trouvera au milieu de sa famille les soins et ce qui lui est nécessaire; tandis que le malaise du navire, dont la rentrée est incertaine, peut se prolonger, et lui être extrêmement funeste. Notre gouverneur, présumant les besoins de ces bâtimens signalés depuis long-temps, a ordonné de charger une grande chaloupe de vivres; elle va arriver ce matin de bonne heure. Ainsi, soyez tranquille pour votre bâtiment. Cette même chaloupe prendra notre parent à son bord et nous l'amenera ici, puis nous le porterons sur un brancard à l'autre rivage d'où nous le ramenerons à Pensacole. Vous profiterez de notre pirogue assez grande pour vous recevoir et vous conduire à la ville, où vous vous reposerez en attendant l'entrée de votre bâtiment. Vous êtes encore, ajoutèrent-ils, à quatre lieues du fort. Cette route, sur un sable mouvant, et pendant ces grandes chaleurs, vous aurait extrêmement fatigués, et vous n'auriez trouvé au fort que de très-médiocres secours, attendu qu'il n'est gardé que par quelques soldats, dont les provisions justes leur sont envoyées de Pensacole.

Ces détails consolans, ces secours subits nous avaient ôté jusqu'à l'appétit, tant nous étions émus, tant nos cœurs avaient été pressés par l'affliction. Au jour nous vîmes en effet la chaloupe arriver, porter successivement des vivres aux deux navires, et revenir à nous, amenant le malade en question. Nous sûmes avec quelle joie on reçut à notre bord ces nouvelles provisions, et on y acquit l'assurance que nous serions recueillis par la pirogue ou la chaloupe.

CHAPITRE XXVII.

Départ de l'île de Sainte-Rose. Arrivée à Pensacole. Coup de vent qui détermine l'Auteur à retourner à Sainte-Rose pour se rembarquer. Autres observations sur cette île.

Nous ne partîmes que tard dans la matinée. Jusqu'à ce moment on pêcha de ces grandes huîtres contournées et agglomérées irrégulièrement en blocs, dont il se trouve de grands bancs dans le canal entre l'île et la terre; il était nuit quand nous arrivâmes à Pensacole. Un de ceux qui nous avait ramenés, français, exerçant l'état de boulanger, et tenant une fort bonne auberge (il se nommait *Louis*), nous logea; et notre appétit revenant chez lui, à mesure que nous nous reposions, nous étonnait nous-mêmes. Les énormes pièces de viandes, dont on chargeait la table, disparaissaient aussitôt, et on ne nous l'économisait pas; car elle ne coûtait pas plus de trois sous la livre, tandis que le pain en valait douze.

Notre premier soin le lendemain matin fut d'aller remercier le gouverneur qui s'intéressa vivement au récit de nos peines, jusqu'à ne pas même penser à nous demander nos passeports; il nous renouvela ses offres de services de la manière la plus cordiale.

Trois jours se passèrent sans que les bâtimens eussent pu entrer; un autre, survenu et contrarié également, s'était joint à eux; il était chargé de nègres pour la Louisiane, le gouvernement ayant donné des permissions particulières pour en laisser entrer quelques-uns. Sur le soir arriva notre armateur avec un autre passager, et deux matelots pour conduire leur canot; le temps devenu gros pendant une traversée de sept à huit lieues, leur fit courir les plus grands dangers, et ils arrivèrent au moment où les vents soufflaient encore davantage. Je lui témoignai vivement ma surprise; il disait vouloir périr avec son navire, lorsqu'il regardait notre débarquement sur une terre inconnue comme une témérité, et il devenait téméraire, non pas en se sauvant par une route que nous lui avions frayée, mais en emmenant avec lui deux matelots. Le navire privé de ces hommes courrait les plus grands dangers, si les vents que nous entendions souffler continuaient à augmenter ; et en effet la nuit fut terrible, et nous fûmes presque toujours sur pied ; il ne restait à notre bord que deux matelots avec le capitaine et le lieutenant. Comment pourraient-ils manœuvrer pendant cette nuit de tempête ? C'étaient des vents du sud-ouest qui pouvaient les jeter à la côte. Dans quelles anxiétés ne devaient pas se trouver les personnes faibles, malades, que j'y avais laissées ? Tourmenté par ces réflexions, je me décidai à profiter du canot pour retourner à bord y ramener les deux autres matelots, et y périr s'il le fallait.

J'attendis le matin que la mer fût un peu calmée. Je profitai de ce temps pour faire préparer quelques provisions que je voulais emporter, particulièrement des fruits, des raisins et des figues en pleine maturité alors. Je partis vers les onze heures du matin, j'arrivai d'assez bonne heure au fort de l'île Ste.-Rose, ce fort après lequel nous avions tant soupiré. Il n'était gardé que par une douzaine de soldats, si mal vêtus la plupart, qu'on les aurait plutôt pris pour des mendians que des militaires en activité ; et à la vérité ils étaient là pour la forme, ils n'y faisaient pas de service. Tout leur temps se passait à chasser, pêcher, ou cueillir, en se promenant, des raisins sauvages. Le fort était dans un tel état, que le service pouvait y être plus dangereux qu'utile ; tout construit de bois, il était pourri en lambeaux secs comme amadou, et la moindre étincelle pouvait l'embraser. Maintenant, il est sans doute réparé, c'est-à-dire reconstruit à neuf.

On découvrait en face, sur le continent, à moins d'une portée de canon, l'autre fort bâti en maçonnerie, bien plus considérable par son étendue et mieux gardé. L'air délabré de ces soldats n'empêcha pas qu'ils ne fussent de fort bonnes gens, qui se montrèrent pleins d'attentions, m'offrirent des crabes qu'ils venaient de pêcher, et des raisins sauvages qu'ils venaient d'apporter, m'invitèrent à coucher dans leur dortoir où je serais garanti des moustiques. C'était une grande pièce élevée et en bois, bien close, où leurs lits étaient sur le plancher : ils la fermaient soigneusement avant la nuit, c'est-à-dire avant le temps où ces insectes s'emparent des airs pour tourmenter tout ce qui respire. Je régalai à mon tour ces soldats de rum ;

mais ils furent si discrets, qu'après en avoir bu chacun un coup, ils refusèrent constamment de récidiver, quelques instances que je leur fisse.

Mon premier soin en arrivant avait été de leur demander des nouvelles de nos bâtimens, car on n'en distinguait aucun de la tête de l'île où nous étions, quoique j'eusse avec moi une assez bonne lunette d'approche; ils me dirent qu'on les avait vu lutter durant la tempête, mais que, poussés sous le vent, ils les avaient perdus de vue; qu'il était trop tard pour me mettre en route avec le canot et cotoyer l'île; que je serais obligé de m'arrêter avant d'avoir rien découvert; qu'en partant le lendemain matin, je pourrais arriver de bonne heure dans un lieu qu'ils me désignèrent, où l'île plus élevée, et s'avançant en espèce de cap, me donnerait le moyen d'étendre mes regards plus au loin. Ces observations m'avaient déterminé à passer la nuit au fort. Le lendemain nous étions déjà en route avant le lever du soleil : la toilette est bientôt faite quand on couche tout habillé : nous arrivâmes d'assez bonne heure au lieu indiqué, sans d'abord rien découvrir. Nous tirâmes notre canot à terre, il nous servait d'abri contre le soleil, et même contre la pluie, si elle était survenue.

J'errais sur ce rivage, extrêmement tourmenté de la crainte qu'il fût arrivé des malheurs à notre bâtiment. La vue de cette rive sablonneuse et nue où je rencontrais, étendus tout le long, de ces arbres monstrueux, les uns à demi-pourris, les autres ensablés en partie; d'autres si nouvellement jetés, qu'ils avaient encore leurs longues racines auprès desquelles vingt hommes pourraient se cacher, dont le tronc, avec les premières grosses branches mutilées, avaient jusqu'à cent trente pieds de longueur et de quatre à six pieds de diamètre; j'y voyais aussi des pièces de bois équarries, sciées, des planches; des débris de bateaux, de vaisseaux, plusieurs gardant encore leurs gros ferremens. Cette vue, spectacle de désolation, me remplissait d'idées lugubres.

J'allais et je venais, promenant mes regards inquiets sur le lointain de la mer, et je formais le projet que si je ne découvrais rien d'ici au soir, de me rembarquer le lendemain de grand matin, et d'aller jusqu'à l'autre extrémité de l'île, lorsque, à l'aide de ma lunette, je découvris vers les confins l'horison comme un point noir; il grossissait sensiblement, et bientôt je ne doutai plus que ce fût un de nos navires; il arrivait avec assez bon vent; les matelots, presque aussi desireux que moi de savoir si c'était lui, ou du moins d'apprendre de ses nouvelles, eurent bientôt fait de remettre le canot à la mer. Nous forçâmes de rames, et dans peu nous reconnûmes que ce n'était pas le nôtre; nous continuâmes à l'approcher; le capitaine nous dit que notre bâtiment s'était beaucoup plus éloigné de la côte que les autres, qu'ils l'avaient perdu de vue lorsqu'eux-mêmes n'étaient pas éloignés du cap St.-Blaire, et qu'il était possible qu'il fût encore à une quarantaine de lieues; qu'ainsi il n'y avait pas d'apparence que nous le revissions de la journée. Ces nouvelles m'assuraient qu'il n'avait pas fait côte, et qu'il avait été assez heureux pour gagner le large; mais j'étais toujours dans l'impatiente inquiétude de savoir s'il n'était rien arrivé aux personnes que j'allais rejoindre, et je craignais que quelques nouvelles bourrasques n'amenassent de nouveaux dangers. Nous revînmes à terre plus tranquilles; je passai le reste du jour à observer plus soigneusement ce que j'avais seulement entrevu dans mon premier voyage.

Le

Le soir je pris singulièrement plaisir à examiner une espèce de crabe, de celle nommée *tourlourou*, différente des tourlourous dont parlent les voyageurs et les naturalistes, car ils les disent rouges ou violettes, tandis que celles-ci sont blanches, si petites, qu'elles sont tout au plus larges d'un écu de six livres. Elles n'habitent point dans la mer, mais dans des trous qu'elles se creusent près du rivage : leurs yeux noirs sont portés sur des espèces de tubes, s'alongeant et s'inclinant comme les cornes des limaçons, mais plus courts; vivant à terre et plus exposées aux surprises de leurs ennemis que les autres, qui ont les eaux et la vase pour se cacher; elles sont plus craintives, plus surveillantes, et ont été douées d'yeux à tubes, afin de mieux voir à côté et derrière elles; elles sont en même temps beaucoup plus élevées sur leurs jambes, comme pour mieux observer. Armées, ainsi que les autres, de fortes pinces, elles s'en servent encore pour donner à leurs compagnes le signal de la retraite en les frappant l'une contre l'autre, de manière à faire du bruit à peu près comme nos timides lapins qui sonnent l'alarme en frappant fortement la terre de leurs pieds de derrière. Je les voyais mettre la tête à leurs trous, puis alonger les tubes porteurs de leurs yeux, et ne sortir qu'après s'être assurées qu'elles n'avaient rien à craindre : leur petitesse fait qu'on les dédaigne dans ce canton pour manger; il y en a tant de grosses! Cependant les crabes tourlourous passent pour être plus délicates et plus grasses. Les créoles des îles font de leur graisse et de leurs œufs une espèce de sauce nommée *taumalen*, qui, assaisonnée de citron, de piment et d'autres ingrédiens, sert à manger la chair, qui est sèche et fade, comme on sait. Ils mêlent aussi ce taumalen avec la farine de manioc, et ils en font un mets qu'ils aiment beaucoup, et le nomment *matouton*.

La nuit fut délicieuse. Je me couchai près du rivage, sur un monticule, pour être plus à l'air. Enveloppé d'un drap et d'une légère couverture, je pus braver les attaques des mouchetiques : je contemplais la mer onduleuse, scintillante de feux par des bandes de poissons agitant sa surface, et où se mêlait le reflet des cieux parsemés d'étoiles. Entraîné par ces divers tableaux, j'assoupissais mes chagrins : je dormis. Le soleil commençait déjà à paraître lorsque je m'éveillai; et l'orient; enflammé de ses feux entrecoupés de nuages confondait dans son lointain tous les objets. J'attendis patiemment que le soleil, quittant l'horizon, me permît d'y fixer mes regards; à l'aide de ma longue vue, je découvris bientôt deux voiles encore éloignées; l'espérance nous anima; nous nous hâtâmes de repousser à la mer notre canot et de nous y embarquer, confians dans un vent doux et dans un ciel sans nuage. Le premier de ces navires que nous atteignîmes se trouva être le nôtre; la joie avec laquelle on nous accueillit de si loin, nous annonça que nous n'avions rien à craindre de sinistre.

Je sus combien en effet l'absence des deux matelots avait exposé le navire. Plusieurs fois poussé près du rivage faute de pouvoir exécuter assez agilement les manœuvres, il semblait devoir se perdre dans les bancs qui l'entouraient; d'autres fois ces vents tournoyant impétueusement, agitaient les voiles en différens sens, le penchaient sur le côté sans espoir qu'il pût se relever sur ces abîmes entr'ouverts pour l'engloutir. Le capitaine, par ses cris et ses gémissemens, augmentait lui-même l'épouvante des malheureux passagers qui étaient restés: après la tempête, les horjours de la famine s'offrirent à eux une troisième fois sur les plages éloignées, où d'autres vents contraires, et de nouveaux ouragans pouvaient encore les pousser plus loin. Alors cependant ils furent joints par le navire négrier, qui, lui-même dans la détresse, partagea généreusement ses vivres.

Le vent, devenu favorable, continuait, et nous approcha de nouveau de l'entrée de la baie, d'où un pilote étant venu nous joindre, nous fit enfin entrer le 14 août, après sept semaines depuis notre départ de la Martinique, et environ vingt jours depuis le moment fatal où nous avions manqué notre entrée à l'embouchure du Mississipi.

On compte de l'entrée de la baie à Pensacole trois lieues; nous ne pûmes en approcher assez près pour descendre à terre ce même jour.

Fin du premier Volume.

TABLE
DES CHAPITRES
CONTENUS
DANS CE PREMIER VOLUME.

CHAPITRE PREMIER.

Départ de l'Auteur pour Nantes. Observations durant son Voyage. Observations sur cette ville. Des Négocians. Avis utile à ceux qui s'embarquent. Mal de mer. Moyens d'en diminuer les effets. Régime pour conserver sa santé sur mer. Page 1

CHAPITRE II.

Traversée. Plantes voyageuses. Coquillages. Coucher du soleil. Baptême du Tropique. 18

CHAPITRE III.

Arrivée à la Martinique. De la ville de Saint-Pierre. Défauts des villes des Colonies. Mœurs, usages. Commerce des gens de couleur. 26

CHAPITRE IV.

Fort-Royal. Des marais. De l'art de les assainir, fondé sur la nature, plus sûr et moins dispendieux. Environs du Fort-Royal. Mangles. Crabes. Bourg du Lamantin, et autres parties de l'île. Histoire naturelle. Page 51

CHAPITRE V.

Causes particulières qui concourent à la prospérité de cette Colonie. Renseignemens de commerce et d'industrie pour les Européens qui passent dans cette Colonie. 75

CHAPITRE VI.

Observations sur les diverses branches de Culture de cette île. Suites funestes d'avoir dépouillé les montagnes de leurs bois. Du Rocou, de l'Indigo. 88

CHAPITRE VII.

Du Tabac. Histoire de sa Culture et de ses Succès. Causes qui l'ont rendu si universellement usuel. De son Influence pour nos Colonies, pour notre Commerce, notre Marine. Malheurs incalcu-

tables d'en avoir établi et laissé pendant un siècle la vente exclusive. Page 101

CHAPITRE VIII.

Café. Son histoire. Ses qualités. De son usage général. De son influence sur le physique et le moral des hommes. Est-il avantageux d'en étendre l'usage au peuple ? 126

CHAPITRE IX.

Maladies des Colonies. Fièvre jaune, maladie de Siam, des Européens, etc. De leur cause, de leur siége; des moyens préservatifs, de leurs traitemens. Faits et anecdotes à ce sujet. Des moyens généraux de les extirper. 145

CHAPITRE X.

Continuation du même sujet. 167

CHAPITRE XI.

Moyens de préserver les Troupes des Maladies, applicables aux particuliers. 185

CHAPITRE XII.

Moyens généraux que les gouvernemens doivent employer pour concourir à détruire les germes de ces maladies. 197

CHAPITRE XIII.

Petit nombre d'hommes qui fondèrent, avec peu de moyens, la colonie de la Martinique. Richesses dont ils ont été les créateurs. Page 201

CHAPITRE XIV.

Serpens dangereux. Leur destruction. Influence de l'homme sur la nature. Observations sur les îles qui n'ont point de ces Serpens. Idées de l'Auteur à ce sujet. Diverses espèces de Fourmis; leur incroyable multiplicité, leurs ravages. Seuls moyens que l'homme ait à leur opposer. Animaux destructeurs des Fourmis. Du Fourmilier en particulier. 210

CHAPITRE XV.

Volcans. Montagnes. Leur utilité. 225

CHAPITRE XVI.

Divisions intestines de la Colonie de la Martinique. 250

CHAPITRE XVII.

Commencement des hostilités pendant le séjour de l'Auteur à la Martinique.

Remarques à ce sujet. Son départ de cette île. Page 233

CHAPITRE XVIII.

Route vers Porto-Rico. Observations sur cette île. 240

CHAPITRE XIX.

Arrivée de l'Auteur à Saint-Domingue. Description de cette ville, fondée par Christophe Colomb : de son territoire, des ressources de sa situation. Idées de l'Auteur sur les Moyens de rétablir cette Colonie. 257

CHAPITRE XX.

Causes qui ont principalement nui à cette Colonie espagnole. Politique sage des Espagnols, relativement aux gens de couleur. 272

CHAPITRE XXI.

Histoire naturelle. Coquillages remarquables. Pétrifications. De la diminution de la mer. Réflexions à ce sujet. 274

CHAPITRE XXII.

Départ de San-Domingo. Idée de la colonie française de Saint-Domingue. 282

CHAPITRE XXIII.

La Jamaïque. Page 289

CHAPITRE XXIV.

Isle de Cuba. La Havane, golfe du Mexique. 294

CHAPITRE XXV.

Suite des observations sur le golfe du Mexique. Arrivée près de l'embouchure du Mississipi. L'inattention du Capitaine fait manquer la passe. Malheurs qui en sont la suite. Vents devenus contraires. Famine. Danger. 305

CHAPITRE XXVI.

Nouvelle détresse. L'Auteur et deux Passagers débarquent sur l'île déserte de Sainte-Rose. Description de cette île. 315

CHAPITRE XXVII.

Départ de l'île de Sainte-Rose. Arrivée à Pensacole. Coup de vent qui détermine l'Auteur à retourner à Sainte-Rose pour se rembarquer. Autres observations sur cette île. 330

Fin de la Table des Chapitres du premier Volume.

OBSERVAT[IONS]

ON

ROBIN'S TRAVELS IN L[OUISIANA]

Lately published at Paris—

WASHINGTON, 1811.

SINCE the period when Louisiana was ceded to the United States, that country has particularly attracted our attention. The savage life of its indigenous inhabitants, its woods, deserts, climates and natural productions, are interesting subjects of enquiry; and, as they are but little known, or imperfectly described, we take up the report of a recent traveller with a lively curiosity to known its contents. This was heightened by the title page of Mr. Robin's work, as he not only proposes to take a view of the natural history of the country, but also to decide its limits, and to examine its civilization, its commercial advantages, and political importance. We expected to find, in

CPSIA information can be obtained
at www.ICGtesting.com
Printed in the USA
FSOW02n1527211015
12431FS